法学教育イノベーション

新世代法学部を創る

池田　眞朗

弘文堂

はしがき

この本には、出版時点でおそらく類書がない。大学教育論を書いたものは、相当数ある。また、大学や高校などを新設する話を書いたものも、それなりに存在する。けれども、一つの学問分野について、真の意味のイノベーションつまり「創造的破壊」を試みようとし、その実践を報告する本は、ことに法学教育の分野では、管見の及ぶ範囲では、これまで皆無であったと思う。

ただ、考えてみれば、イノベーションを書く本は、それ自体、前例のない、類書が皆無のものでなければならないのである。

ゼロから法学部を創るミッションだったからこそ実現できたことも多々ある。ただ、最後までお読みいただければご理解いただけるように、カリキュラムや授業方法にさまざまな工夫をこらしただけでは、まだ真の意味のイノベーションにはなっていない。この国の法学部教育を、構造的に、根底から覆すような、あるいは、従来の法学部教育は全体の一部に残しつつ、それに経済学、経営学、地政学、社会学、さらには理系の工学やデータサイエンスなどを加えて、しかもそれらの諸学をハブのように結びつけるごとき、新しい学問分野の構想（およびその導入の実践）に至ってこそ、真の意味のイノベーションなのである。

私は、慶應義塾大学の法学部で40年間教職にあり、その最後の10年は、同大学の法科大学院教授を兼務した。若くして通信教育部（文経法商の4学部で構成）の部長を務めて、20数冊のテキストの全面改新を指揮したことが、私の教育改革の原点にある。そして武蔵野大学有明キャンパスでの法学部新設を依頼されて（設置準備委員会は２０１２年秋から）、２０１４年4月に開設に至った。さらに大学院法学研究科修士課程をビジネス法務専攻として創り、最後は同博士後期課程を創って、その開設責任者として完成年度まで定年延長の措置を受けて、２０２４年に9年間（慶應義塾での最終年は武蔵野法学部開設年で武蔵野の客員教授としても教壇に立っているので実質は10年間）の有明での教授生活を終えた。武蔵野では、法学部長、大学院法学研究科長、法学研究所長を兼務したほか、副学長を3年務めて、大学経営全般を学ぶこともできた。

本書には、その半世紀の大学教員生活で得たノウハウなどをふんだんに書き込んでいる。幸い、「マジョリティのための法学教育」を掲げ、「楽しく学んで人生を変える」をモットーとして開設した武蔵野大学法学部法律学科は、決して難関資格合格を目標にしたわけではないのだが、1期生から4期生までですでに10名の司法試験合格者を輩出した。また宅地建物取引士試験に合格して大手不動産仲介会社に入り、２００名近い同期の中で営業成績新人王となった女子学生などもいて、一定の成果を示すことができているようである。

しかし、そのようなデータはまだ表面的なもので、法学教育の根本からの構造的改変という観点からみれば、私の法学教育イノベーションはその緒についたばかりなのである。

ともあれ、本書は、その新しい法学部教育（さらには新しい大学院法学研究科教育）の確立を目指した、10年にわたる奮闘の記録である。読者層としては、高校の進路指導の先生方はもちろんのこと、受験生の保護者の方々に限らず、すべからく大学教育に関心がおありの社会人の皆さんにお読みいただきたいが（また受験生ご自身でこの本を最後までしっかり読み切ってくださるような人には、ぜひそれだけで私の創った法学部に来てほしいと思う）、実は著者である私が一番読んでほしいと思う方々は、現役の法学部（あるいは大学院法学研究科）の教員の方々なのである。広くそういう方々に読んでいただいて、ぜひ、共鳴、協賛をいただけたらと思うのである。

繰り返すが、真の意味の法学教育イノベーションは、緒についたばかりである。私に必要なのは、賛同してくださる仲間を増やすこと。本書が大きなうねりの最初の波紋になれば幸いと考えている。

本書の成るにあたっては、弘文堂社長の鯉渕友南氏と同社編集部の外山千尋さんに大変にお世話になった。記して御礼を申し上げる。慶應義塾大学時代からお世話になってきたお二人に、こうして新しいイノベーションの仲間作りをお手伝いいただけることの幸福を思うばかりである。

２０２４年９月

池田眞朗

目次

はじめに——新世代法学部を創る

それは一本の電話から始まった。

「法学部を作っていただきたい」

2012年の秋、以前慶應義塾大学法学部の年長の同僚だった、武蔵野大学学長の寺崎修先生からのお電話だった。

キャンパスは江東区有明の新キャンパス。現存の政治経済学部を法学部と経済学部に改組する。法学部は法律学科と政治学科で構成し、当初は一学年法律150名、政治100名でスタートする。政治学科は現存の政治経済学部政治学科をスライドさせるが、法律学科は全くゼロからのスタートなので、カリキュラムも教員集めもすべてお任せする、という。大変といえば大変だが、やりがいがあるといえばこれ以上の話はない、稀有な、そして破格のご依頼だった。

私は当時在籍していた慶應義塾大学では、通信教育部長は経験していたが、学部長職の経験はないまま、法学部教授と大学院法務研究科（法科大学院）教授を兼務していた。ただ、通信教育部長在任中は、大掛かりなテキスト改新やスクーリング環境改善など、教育改革に力を入れたこともあり、また通算11年務めた司法試験考査委員としても、司法試験制度改革（法科大学院創設）にあたって、司法試験を旧制度から新制度に改める検討会で民事系の主査を務めた経験もあった。さらに、法学委員長も務めた日本学術会議では、法学分野の教育課程編成上の参照基準を取りまとめたり、東日本大震災の被災者を支援する制度作りの分科会にも参加した。考えてみれば、私は人生の節目節目で、制度改革や新しい制度作りに参加してきている。この法学部作りのお電話も、またとないお話と思い、ほとんど即決でお引き受けした。

しかし、法学部というのは、世界の大学の歴史の中でもとくに伝統のある学部である。また教えるカリキュラムも、法律学科の場合、当然に実際の「法律」という内容で決まってくる。したがって、わが国でも、国立・私立の諸大学のいわゆる「序列」が厳然と存在している。生半可なコンセプトで参入しても、底辺のクラスの法学部になってしまうことは目に見えていた。

当時、成算があったかといわれれば１００％のそれがあったわけではないが、私ならこうする、という法学教育の改革プランはいくつか温めていたものがあった。そして、教育事業はベンチャー（スタートアップ）ではないので、失敗は許されない、ということもわかっていた。

そこから、10年を超える、私の法学部教育、大学院法学研究科教育のイノベーションの試みがスタートした。つまり私は最初期の段階で、「法学部を作る」のではなく、「（新世代の）法学部を創る」ことを決意したのである。

当時の改革発想のきっかけは、司法試験（法科大学院）制度にあったが、しかしそれが私の改革のメインテーマではなかった。そもそも、日本の法学部生の九割以上は、法曹にはならない。それであれば、法学部教育の主たる対象は、その九割以上の学生のためになされるべきなのであって、学説だ判例だと小難しい解釈論が授業の大半を占める教育はおかしくないか、という思いは、ずっと以前からあった。

イノベーションという言葉は、「創造的破壊」を意味する。つまり、既存の枠や既成の価値基準の中にとどまっての改良は、イノベーションとは呼べないのである。だからこそ、出来上がっている組織では、イノベーションは難しい。伝統があり、社会的評価が定まっている大学では、イノベイティブな改革は非常に困難なのである。ゼロから創る大学でこそ、それが可能になる。

そこで発想した「新世代法学部」は、「マジョリティのためのルール創り教育」を標榜し、「民事基本法先行集中学習カリキュラム」を創出し、「大教室双方向授業」を実践し、「楽しく学んで人生を変える」をモットーとした。

その結果、予測しなかった問題なども乗り越えて、幸いなことに当初の4年間で一定の成果を示すことができた。1期生から出口の実績も上げられ、受験者数は急激に増えて、週刊誌で「奇跡の大学」と称されたこともあった。別に難関資格試験合格を第一義にしたわけではないのだが、この新設法学部では、たとえば1期生から4期生まででですでに10名が司法試験に合格している。彼らにとって、確かに人生は変わったといえよう。ただし、その後の新型コロナウイルスの蔓延は、明らかにわが新世代法学部の伸びを鈍化させたところがある。

そうして始めた新しい法学部が4年間で完成したあと、私は続けて、副学長職を兼務しながら大学院法学研究科を創ることになる。ここでも、それを法律学の枠を超える「ビジネス法務専攻」として創設し、実務家教員養成も柱とした。修士課程を創り、博士後期課程を創って、博士後期課程完成年度の2023年度には第一号の論文博士が誕生した。

ただ、右肩上がりだった実績は、前述のように新型コロナウイルスの蔓延で、鈍化する。それが見えてくるのは実はコロナの3年間が明けてからだった。さらにその分析と対策を講じたところで、新世代法学部誕生から10年経って、新型コロナウイルスの蔓延から立ち直った世界は、今度は「100年に一度の変革の時代」に突入する。ここで、従来の法解釈学中心の法学教育が、時代の変化に追いつかない、という決定的な限界性を露呈するようになったのである。そもそも中世以来疑問を持たれなかった、法律による社会コントロールが、万全に機能しない時代になりつつあると言ってもよい。ただ、その急速な社会変化に対する対応策もこの10年で自分なりに整えたつもりである。

本書は、以上のような紆余曲折を経ながらの、私なりの「法学教育イノベーション」の実践記録である。

以下は、その開始時のいわば「原論」を示すものとして、2016~2017年の雑誌連載(有斐閣「書斎の窓」)の所論等を再録するところから始めたい(本書第I部、収録にあたっては適宜修正を施してある)。次いで、具体的にいくつかの「各論」としての実践編をほぼ書き下ろしの形で書いて、新世代法学部創りの展開の経緯を紹介する（第Ⅱ部）。さらに、「ビジネス法務」に焦点を当てた大学院の創設と、そこから確立しようとしている新しい「ビジネス法務学」について紹介する（第Ⅲ部）。以上について、いわば広報編として、武蔵野大学公式ＨＰに連載した「有明日記」も一部収録しておこう（第Ⅳ部）。受験生や、保護者の方々、さらには高校の進路指導の先生方などを意識して書き綴ったものであるが、実際には、第Ⅰ部の原論の内容が２０１７年までに書いたものにとどまっているので、10年間の後半の、大学院教育なども含めた展開は、この第Ⅳ部の後半の記述で補完させていただくことになる。

なお本書では、それらのイノベーションの試みのいわば基礎理論となる研究論文「日本法学教育史再考」も収録しておきたい（第Ⅴ部）。いささか学術的な内容になるが、学問的イノベーションには、その基礎となる理論や実証的根拠が必要なのであって、思い付きや表面的な課題解決策でことを起こしてはならない。この論文でその一端を証明できれば幸いである。そして「おわりに」では、法学教育イノベーション論の展望を語りたい。オンリーワンへの道を探す法学教育イノベーションは、ここからが本番なのである。

すべては、かならずしも狙い通りに進行したわけではなく、いくつかの予期しないピンチをチャンスに変えることが必要だった。しかし、繰り返せば、「教育」という事業では、単純な失敗は許されないのである。そこがスタートアップ企業などと異なるところである。陸上競技にたとえて言えば、前だけを見て走ってはいけない。前後左右に目配りをしながら、休まずに走るのである。そして、学生に「楽しく学んで人生を変える」と説く以上は、私自身が、その困難な作業を楽しんでいなければならない。

ただ少なくともその最後の点は、常にできていたと、自信を持って言える。「ずいぶん働かされていますね」という言葉を何人もの方々から掛けられたが、「働かされている」という意識は、一度も持ったことはない。すべては自分が好きで、望んで「創り出した」仕事だったのである。

第Ⅰ部　原論編

――新世代法学部の誕生

第1章　マジョリティの法学部生のための、専門性のある法学教育

1　法学部教育の再考

私は2016年の年明けから、日本の法学教育、ことに大学の法学部教育を考え直すという趣旨で雑誌に連載を始めた（本書第1章から第6章、有斐閣「書斎の窓」に連載）。それはすなわち、私が武蔵野大学に法学部を新しく設計して開設に至らしめた、その実践の原論に当たるものである。

日本の法学教育ないしは法学部教育を考え直すという、その一つのきっかけは、当時クローズアップされ続けていた、2004年以来の法曹養成制度改革の失敗の問題である。司法試験合格者を毎年3000人まで増員する計画は頓挫し、政府の法曹養成制度改革推進会議は、2015年6月に至って、今後は毎年1500人を下回らない程度とする方針を打ち出した。実はこれは法科大学院がスタートした2004年頃の水準に戻ることになる。全国の法科大学院は定員割れの状態のところも多くなり、廃止や募集停止とする法科大学院が増え続けている

（法曹養成制度改革の出発点からの問題点については、私はすでに別稿で論じた。池田「新世代法学部教育論――「法曹養成」を超えた真の指標を求めて」世界（岩波書店）2015年9月号参照）。

そして、この失敗のあおりを受けて、大学入試においても法学部の人気が落ちたといわれている。しかしながら、そもそも大学法学部というものは、法曹養成制度改革の成否で存在意義や評価が変わるものなのであろうか。変わるというのであれば、わが国の法学部教育は、法科大学院に人材を送り込む以外に存在価値がないということだったのか。つまり、法学部は本来どういう教育をしてどういう人材を育てるべきところなのか。そこに法曹養成を超えた普遍的な意義、目的が見出されるのであれば、今般の制度改革の失敗に影響されることはないのではないか。

そう考えてくると、法曹養成制度改革の問題は文字通り議論のきっかけに過ぎないのであって、そもそもこの国には確立した「法学部教育」が存在していたのか、というところから考え直さなければならないように思われる。本章から第6章までの連載は、このような問題意識から出発した。そしてそれらが、いわば本書の基本理念を示すものとなっている。

2　マジョリティのための法学部教育

まず、誰のための法学部教育なのかを考えたい。2015年の段階で、法学部（法学類含む）の定員総数は13万6577人とのことである（読売新聞「大学の実力」編集部2015年度調査から。大学ごとの定員数の出典は、読売新聞教育ネットワーク事務局「大学の実力　2016」中央公論新社参照）。そうすると、これを単純に4で割って一学年の定員を考えると約3万4000人になる。ということは、仮に毎年の司法試験合格者をほぼ現状の約2000人としても（また実際いくらかの定員割れの法学部があるとしても）、その数字は法学部（法学類含む）の学生一学年の一割にも満たないのである。つまり、かつて言われてきた「法学部生の八割以上は法曹にならない」という表現は、今や「法学部生の九割以上は法曹にならない」と修正しなければいけないようである。

そうすると、わが国の法学部教育は（少なくともその主要部分は）、その九割以上の、法曹にならない「圧倒的多数派」の学生のために展開されなければならないのは、理の当然ということになるのではなかろうか。またそうであれば、現代の法学部は、そもそも司法試験や法科大学院の合格者数で基本的な評価がされるところであってはならない。もちろんそれも一つの評価要素であることは否定しないが、それよりも、九割以上の圧倒的多数派の学生に対して、どういう教育が施されているかで評価されるべきものなのではないだろうか。すなわち、これからの大学法学部は、法曹や中央官僚の育成よりも、ビジネスの世界や地方自治などにかかわっていく、「マジョリティの法学部生」のための教育をまず中心に考えていくべきであろう。

3　法学部教育の再構築

かつて法科大学院の創設時には、法学部廃止論も相当に論じられた。それは、たとえばアメリカでは、法律は、文学や経済学など、他の学部を経てからロースクールに入学して学ぶものであるから、日本でも、ロースクールを作るのであれば法学部は解体すべきという議論であった。

ただ冷静に考えてみると、その議論は、法曹養成のための組織を法科大学院として別に作るのであれば法学部はいらない、と言っているのであるから、そもそも法曹養成以外には独自の法学部教育の意義はない、という理解を前提にしていたのである（これは、その段階で圧倒的多数の学生が法曹にならない状態だったことを考えると、すでに非常に不可思議な議論ではあった）。そして、また逆に言えば、議論の末に法学部はそのまま存置することにしたのであるから、残した以上は法学部には法学部独自の存在意義と教育理念がなければならないはずだったのである。

実際、その段階でいくつかの法学部論が論じられたことは確かである。けれども、そこでの議論の大半は、いわゆるリベラル・アーツ論であった。大要は、いわゆるリーガルマインドを持った教養人を育てるというのであるが（実はこのリーガルマインドなる表現も非常に曖昧に使われている)、そこに「法曹養成以外の、専門性のある法学教育」についての議論が抜け落ちていたことを、私はここで強く指摘しなければならない。

4　段階的法学教育論

以前私は、日本学術会議の法学委員長として、法学分野における「大学教育の分野別質保証のための教育課程編成上の参照基準」作りに参加した。その折に私は、法学教育には段階があって、その段階ごとに教育内容や達成目標が異なるのであるから、大学の学士課程ひとつをとっても、法学の教育レベルは多様であり、一律の参照基準などを作成することは困難であると主張した。その私の主張の趣旨は、出来上がった報告書にもある程度取り込まれている(日本学術会議・報告「大学教育の分野別質保証のための教育課程編成上の参照基準・法学分野」2012年参照)。

私自身は、大学の法学教育には、法学部での導入教育、専門基幹教育、専門展開教育、法科大学院での職能教育という段階があって、その段階ごとに内容も方法論もはっきり異なるべきものと考えており、さらに大学外(ないしは法学部外)の法学教育に、市民教育ないし教養教育があると位置づけている。そして2015年に行った慶應義塾大学の最終講義では、学部1、2年生向け、学部専門課程向け、法科大学院向け、ゼミOBOG・社会人向け、と四つの講義をして、私なりにその実践を試みた（池田真朗『新世代民法学の構築』慶應義塾大学出版会参照）。

さらに私は拙稿「民法（債権関係）改正作業の問題点」（世界２０１５年2月号）では、「法学部教育の問題点を俯瞰して」という項目を立てて、「学理の追求にばかり目を向ける学者たちと、日常生活のルールつくりに無関心な市民との二極の乖離は、我が国の法学部教育にもその遠因があるように思われる」と書き、「これまでの日本の大学における法学部教育は、その法曹養成にばかり力点を置く傾向にあった」「教員はもっぱらプロ養成の観点に汲々とするか、さもなければ自分たちの学理の世界に耽溺したような講義をしてきたのである」と書いた。これはいささか決めつけが過ぎる文章であったかもしれないが、法科大学院進学のための教育をするのでなければ、教養人育成教育ないしいわゆる市民教育をする、というのであれば、法学部独自の専門教育は存在しないという帰結になってしまうのである。

問題はまさにここに存する。しかし私は、法学部がなすべきものは市民教育ではなく、れっきとした「法学部専門教育」であると考えている。ではその「専門教育」の具体的な内容はどのようなものとなるべきか。

5 「ルールを創る人」を育てる

行政組織をみても、企業組織をみても、従来法学部というものが有用な人材の供給源として機能してきたことには、誰も異論をさしはさまないであろう。問題は、法曹や中央官僚を除いた法学部出身者に、さらにこれからの圧倒的多数派の法学部卒業生に、他学部の卒業生にはない、「法学部ならでは」の特質がみられるか、というところにある。

俗にいう「法学部出はつぶしがきく」という表現などは、まったく積極的な評価とはいえない。「法的思考力や判断力の涵養」などというお題目も、さらに具体化する必要がある。そこで私は、法学部は、社会のそれぞれのレベルの集団において、ルールを創り、集団の運営にリーダーシップを取り、構成員の幸福を考えていくような人材を輩出する社会インフラとなるべきものと考えた。

そうであれば、ここは発想を転換する必要がある。「法律を教える」ことによって、法律を覚えることの得意な人間やそれを振りかざす人間を育てるのではなく、社会におけるルールのあり方を理解し、またその帰属する社会や集団での最適なルールを創れる人間、をどれだけ育成できるかが、本来の法学部の価値を決めるのではなかろうか。

もちろん、そのルールというものも、国レベルの「法律」から敷衍して、地方自治体の条例、企業取引における契約、さらに、同業者組合やマンション管理組合の規約であったり、町内会の取り決めであったりと、所属する社会や集団のそれぞれのレベルで考えるべきである。

新世代の法学部教育の「専門性」というものの核の部分は、具体的にこの「ルール創り」の能力を養成するというところにあるのではないかと私は考えているのである。

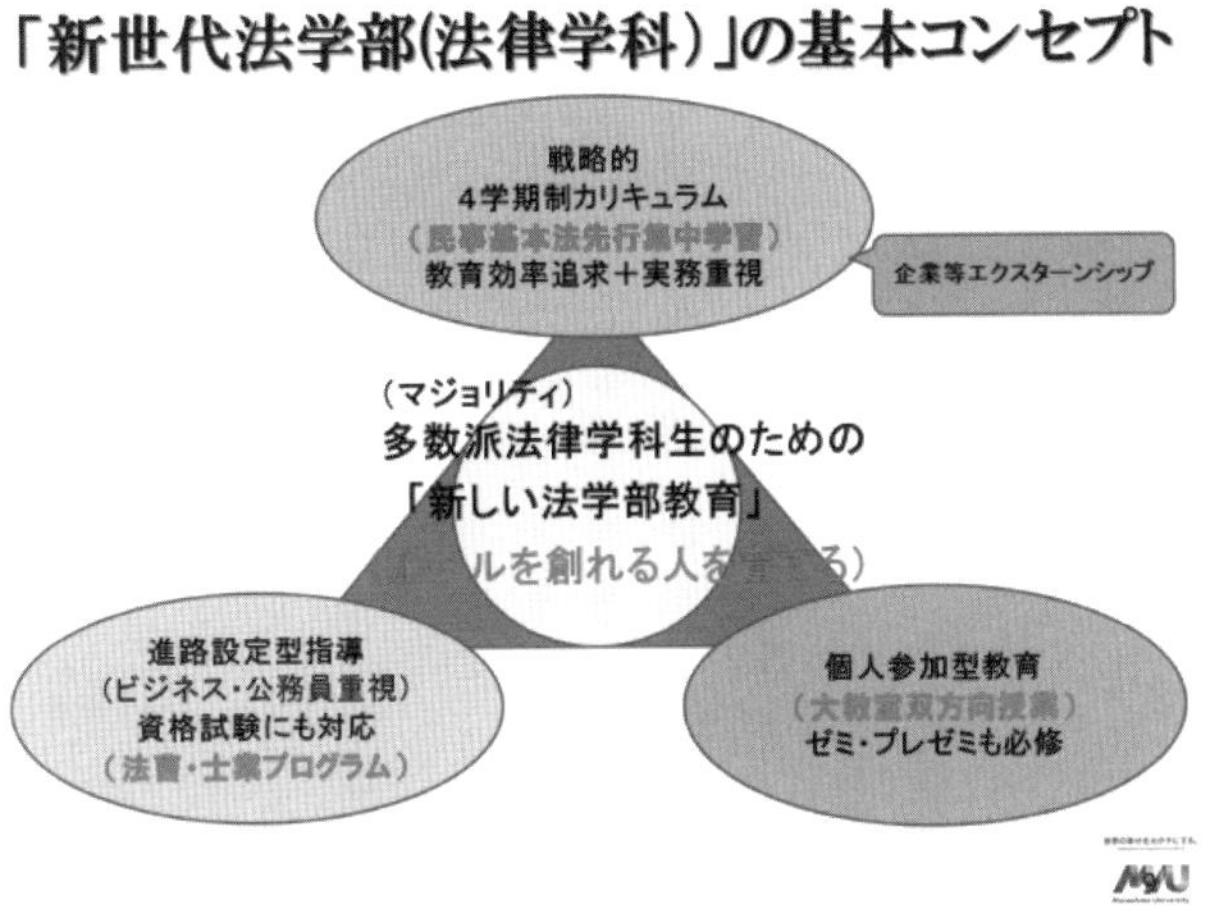

6　新世代法学部論の道筋

ではそのような教育は、どうしたら実現できるのか。それを性急に論じる前に、いくつか具体的な教育方法を検討する段階を経る必要があろう。教育は、理論の中にあるのではなく、実践の中にある。したがって、「やって見せて、結果を出す」のがすべてであろう。次章以降は、新世代の法学部教育を考える道筋として、教授法、カリキュラム、教材、などを実践例を挙げて検討し、最後に、理念の問題に回帰しつつ、「ルールを創れる人を育てる」法学教育を探求して、原論部分のまとめとする予定である。

本頁には、これから順次紹介していく、武蔵野大学「新世代法学部」の基本コンセプトを図にしたものを掲げておく。

第2章　大教室双方向授業

1　プロローグ——教壇を降りて学生の中へ

教育は実践の中にある。いくら高邁な理想を説いても、新奇なプランを掲げても、その教育を実際に受ける人たちが育たなければ価値がないのである。法律学の教育も、そのような意味での、受講者を意識した「教育生産性」を考えるところから再考すべきではなかろうか。

教壇を降りて学生たちの中へ入ろう、というのが、本章の最初の発想である。権威の衣（もしそういう意識を持っている法学部教員がいるならば、だが）を捨てて学生の中へ、と表現してもよい。実際、伝統のある国立大学法学部の大教室では、新設私学などと比べると、ずいぶん教壇が高いところが多い。数段もの階段を上って行くのである。講義中にそこから降りることには、物理的な困難もあろうし、心理的に抵抗を覚える向きもあるかもしれない。しかしこの「教壇を降りて学生と同じ目線に立つ」ことが非常に大事なことなのである。

2　時代遅れの法律学教授法

そもそも、大学における法律学の教授法は、おそらく人文・社会科学のすべての学問の中で、最も遅れている部類に入るのではなかろうか。

ゼミなどの少人数教育はもちろんあるが、法律学では一番の基本は大教室の講義である。そしてそこでは（２０１６年の段階で）、パワーポイントも使わず、もっぱら講義を聞かせ、必要に応じて板書をしてノートを取らせる、という昔ながらの講義法がまだ相当にまかり通っている。テキストを使用したり、レジュメを配布したりということはもちろんあるが、教室の風景としては、おそらく一番退屈なものではないだろうか（ただしパワーポイント授業にも弊害があるがそれは別の機会に）。しかも憲法、民法、刑法などという肝心の法律基幹科目に、このような授業が多いように思われる。

この傾向は、学会報告をみても明らかである。いまだに法律の学会では、スクリーンも用意されず、ただ配布されたレジュメに沿って話し続けるだけの報告が多い。これは、理系の学者から見ると非常に奇異に映る光景であろう。

もちろん、少人数のゼミナールでは、法律学科でも、班別に事例問題を予習して、各班のレポーターが報告し、それをもとにディスカッションが行われるというのが通例ではある。また、法科大学院では、やはり20名から50名くらいまでの教室で、ソクラテスメソッドといって、あらかじめ出された課題について学生たちが予習をしてきて、教員が学生を次々に指名して質問し、解答を導き出していくというやり方が一般になっている。

3 大教室双方向授業の導入

大教室講義の欠点をゼミなどの少人数講義で補うというのは、ヨーロッパの大学でもかなり以前から行われている（たとえばフランスでは、一つの大教室講義に対していくつかのクラス分けをした若い講師による指導 travaux dirigés が組み合わされるやり方が、私の留学した１９７０年代末にはもう広く行われていた）。しかし、学部ではやはり大教室講義の形態が基本になるのであれば、根本的な解決は、その大教室講義そのものを改善することにあろう。

そこで私が案出し実践しているのが、自ら名づけた「大教室双方向授業」なのである。これは、言ってみれば簡単なことなのだが、講義時間中、ワイヤレスマイクを２本持って、教壇から降りて、広い教室中を歩き回り、受講者の学生たちに質問をしながら講義を進めていくのである。

しかしこれは、「言うは易く行うは難し」で、そう簡単にできるものではない。また実は細かいいくつものテクニックがある。さらには、後述する体力の問題もかかわってくる。ただ、これをしっかりやれば、４００人、５００人という規模の受講生がいる大教室でも、私語ひとつない授業が当然に展開できることは実証できている。

私がこの「大教室双方向授業」を自分なりにほぼ完成させたと思ったのは、今から５、６年前、大教室での講義を始めて30年以上経った、還暦の頃である。実際その頃から私は毎週の大教室講義が非常に楽しく、待ち遠しくなった。受講する学生のほうも興味を持ってくれたようで、当時の慶應義塾大学法律学科３・４年生配当の民法債権総論では、そのころから履修者が目立って増え、出席率も受験率も良くなった。現在ではこれを武蔵野大学法律学科２年生配当の債権各論・債権総論などで実施している。

武蔵野大学での大教室双方向授業

４　ＮＨＫ型と民放型

故星野英一博士は、東京大学での大教室講義において、自発的に質問に答える役を志願する学生ボランティア数名をあらかじめ募り、これらの学生との質疑応答を交えて授業を進められたと聞く。大村敦志教授もその一人であったと書いておられる（大村敦志『戦後一法学者の横顔――素描・星野英一先生』私家版、51頁）。彼らは、先生から当てられてマイクを持って発言することもあったとのことである（『星野英一先生の思い出』有斐閣、106頁の後藤博「星野先生と法人制度研究会」参照）。

そうすると、学生を当ててマイクを持たせて発言させる、という点では、私の大教室双方向授業は、星野先生のおやりになったことと同じではないか、と読者は思われるかもしれない。しかし、そこには決定的な違いがある。

私の場合は、あらかじめ募ったボランティアではなく、教室中の誰かにアットランダムにマイクを向ける。したがって、星野先生の場合は、学生は予習をしてきて、ほとんどが望ましい「正解」を答えたはずであるが、私の場合は、とんでもない間違ったことを答える学生も、口ごもって何も答えられない学生もいるのである。しかも私は、そういう場面をわざと作り出そうとすることもある。

つまりそれは、エリート学生との予定（ないしは予想）された対話ではなく、教室の標準的な学生や、さらには落ちこぼれのような学生との、出合い頭の対話なのである。

5　教育生産性とアクティブ・ラーニング

これには明確な狙いがある。私は、大教室では、一部の優秀な学生だけを育てるのではなく、その教室全体のレベルを引き上げることを常に考えてきた、というのが一つ。そしてもう一つは、私なりの授業への引きつけ方、教育生産性の向上の試みということである。

後者については、わかりやすいたとえを挙げよう。私は、もう30年以上も昔の話になるが、テレビのスポーツバラエティ番組のコメンテーターをしていたことがある。その時に知ったのだが、当時ＮＨＫではバラエティ番組でもしっかりリハーサルをするのに対し、民放ではわざと細かいリハーサルをしないで本番に臨む。そのほうが質問を振られたコメンテーターがどぎまぎしたりする、その臨場感が視聴者に伝わるのでよいというのである。

つまり、星野先生の東大における大教室授業が（このようなたとえも失礼ではあるが）おそらくは予定調和を重んじるＮＨＫ型なら、私が慶應で開発したのは、予定調和をあえて避ける民放型の大教室双方向授業だったのである。

後ろのほうで集中力を欠いている学生がいたら、そこに飛んで行ってマイクを向ける。案の定答えられない。そこで教室の中央くらいまで戻りながら、君はわかるよね、と言って同じ質問をする。そこでいい答えが出れば、大いにほめて（これは大事）、授業後に名簿に記録する（これは期末試験で1点か2点の加点にする。ほとんど価値はないのだが、大教室でほめられたという事実のほうが当人にとって重要なのである）。そして、何人かに聞いて、今一ついい答えが出ないときは、最前列まで戻って、顔見知りの勉強家の学生や私のゼミの学生を当てて望ましい答えを引き出すのだが、場合によるとそこでも外す（見当違いの答えを言う）学生が出てくる。これが非常に受けるのである。

つまり、こういうやりとりの中で、教室中の学生が、質問されたポイントについて、印象的に理解をする、そのことが最も重要と私は考えているのである。これは今日風に言えば、いわゆるアクティブ・ラーニングの実践である。ＩＲ（Institutional Research）の専門家である大阪大学の川嶋太津夫教授は、アクティブ・ラーニングとはActive Engagement in Learningなのであって、何も教室外の実習などばかりを指すものではなく、教室の講義形式でもありうると述べていたが、わが意を得たりと思った次第である（川嶋（講演）「教育における評価検証機能の充実に向けて――ＩＲの活用」２０１５年６月29日於武蔵野大学）。

6　教えていないことを聞く

さらに私は、質問の仕方や質問する事項にも工夫をした。まず、知識を聞くのではなく、考え方を聞くのである。教えたことではなく、まだ教えていないことについて思ったことを答えさせる場合も多い。このやり方は、間違った答えをしても恥ずかしくないというだけでなく、「知りません、わかりません」と言って逃れようとする学生が解放されないという、教育上のメリットもある。

たとえば、これから教えようとする項目に関する事例を出して、問答をする。「これ、どう解決したらいいのかな、君どう思う?」「わかりません」「わからないかどうかではなく、君はどう思うか、と聞いているんだから、何か思ったことを答えてよ」「でもそんなの、どういう規定があるかも全然知りません」「そうだよ、まだ教えてないもの」

こういう問答は慣れてくると大変楽しい。そして、学生のほうもそういうやりとりを見物するのが面白いのか、出席率もよくなるのである。

7　ソクラテスメソッドの隠れた欠点

それだけではない。教えていないことを聞くというのは、より深いレベルで非常に重要なのである。それは、法科大学院のソクラテスメソッドの限界を指摘することにもなる。つまり、ソクラテスメソッドは、通常事前に問題を与えて予習をさせて、それを教室で学生を当てて答えさせるのであるが、私が慶應義塾大学の法科大学院生と学生食堂で食事をしていたとき（これも大事である。学食で一緒に食事をしていると彼らの本音が聴けるので、私は週の半分は学生と昼食をとっていた）、「ソクラテスも、かわし方がわかった」と言う学生がいた。つまり、一定レベルの予習をしておけば、ほぼ最初の質問は答えられる。そしてさらに突っ込んだことを聞かれてそこが答えられなくても、平常点がとくに悪くなることはない。だからある程度のレベルの予習をしてきて、後の質問は適当にかわせればよい、というのである。

これは、私に言わせると、ソクラテスメソッドが、職能教育としての法科大学院教育に本来必要な、想像力と創造力の涵養ということが全くできない教育手法になってしまっているという、大きな欠点を露呈しているのである。

教えていないことを聞いて、その場で考えさせ、想像させる。法律学では、受講者の能力を将来に向けて伸ばすためには、これが非常に大事なことなのである。

8　エージシュート

もっとも、この大教室双方向授業は、経験の浅い教員にやってもらうのはかなり困難である。つまり、マイクを2本持って教壇を離れて、その場で偶然に選んだ学生を当てていくのであるから、どんな答えが返ってくるかは全くわからない。的外れや勘違いも含めて、さまざまな答えを想定して対処しなければならないのである。教師のほうが大教室の真ん中で立ち往生してしまっては格好がつかない。当該科目の指導に関して、一定以上の知識と経験を持っていないとできないのである。また、学生と会話している時間は授業が進まないので、講義の進度と会話の時間のバランスを取れる技量も必要である。

加えて、右のことと全く相反するのだが、これは体力のある元気なうちしかできない授業なのである。教室の雰囲気をつかんで、まずはさっと最後列のほうまで行って学生にマイクを向ける。そして歩きながら講義を続けて中央あたりの学生に質問し、最後は前列の学生に、とフットワークよく動かないと、教室の注目をひきつけられない（しかもあまり長い間後方にいると、前方の学生は教員の声しか聞こえないので集中度が落ちてくる）。90分の授業でこれを続けると、いい運動どころか相当の体力を消耗する。

ゴルフにエージシュートというものがある。たとえて言えば理屈はあれと一緒である。一ラウンドを自分の年齢以下の打数で回ることをエージシュートというのだが、18ホール・パー72のコースであれば、72以下で回らなければ達成できない。ということは、年齢が60台後半にならなければプロでもまず達成は無理だが、高齢になればなるほど今度は体力が落ちてくる。というわけで、それとある意味類似するこの大教室双方向授業は、経験の蓄積の一方で健康維持との困難な闘いでもあるのである。

9　大教室双方向授業実践のノウハウ

実は大教室双方向授業の実践にはまだかなりのノウハウがあるのだが、そろそろ紙幅が尽きるのと、パテントのない世界でしばらくはこれをわが武蔵野大学新設法学部のセールスポイントにしたいので（私は若手教員にこの大教室双方向授業の講習会を開いた。今では免許皆伝の教員もいる）、今回はこのあたりで留めておこう。ただ最後に重要なポイントを一つ挙げておく。文字通り「双方向」と称するためには、大教室でも受講者の名前を一人でも多く覚えて、名前を呼びながらマイクを向ける必要がある。ただし、それで早めに名前を覚えた学生ばかりを当てると、他の学生が不満を持つので注意しなければならない。もっとも、「当ててほしくない」と思う学生が減って「当てられたいのに不公平だ」と思ってくれる学生が増えるというのは、まさに教育生産性が向上した証左といえよう。

そこが現代の大学教育の第一歩なのである。本書において、カリキュラムや教材の話より前に、大教室双方向授業の紹介をした所以である。

10 大教室双方向授業を成功させる秘訣

最後に初出の連載では書かなかった、「大教室双方向授業」を成功させる秘訣、を付け加えておきたい。それは実は意識の問題なのである。

まず、「偉そうにしない」こと。これはどういうわけかことに法律の先生に多いように思うのだが、何か自分が「権威」であるかのようにふるまう人がいる。その意識があるうちは、スムーズに教室の中に入っていけないだろう。

次に、そのこととつながるのだが、「学生とフラットな関係を作る」よう、心がけること。

それは決して学生となれ合うことを意味しない。ただ、考え方のレベルを学生と同じにしてみるとか、彼らがどういう関心で何をしようとしているのかを観察する、などの努力をしていると、自然とこのフラットな関係ができてくる。

つまり、大教室双方向授業がスムーズにできない、という人は、ご自分の意識改革から始める必要がある。さらに、「自分は研究者だから授業は二の次」という人については、私は正直考え違いだと思う。大学教員の仕事は、教育と研究が両輪なのである。だから、研究論文をいっこうに書けない人も困るのだが、自分は研究者なのだと強調される人は、学部ではなく研究専門機関に職を求めるべきである。「授業は二の次」と思っている人の授業は、まず間違いなく面白くない。そういう人が学生の授業アンケートの評価を上げようとするのなら、授業テクニックではなく意識改革から入るべきである。

ついでにもっと付け加えておこう。本物の研究者の講義は、（専門違いの者が聴いても）まず間違いなく本当に面白い。私は日本学術会議の会員を（制度変わりの世代だったので）９年務めたが、毎年の例会で一番楽しみだったのは、ノーベル賞受賞者の特別講演を聴けることだった。その方々の講演は、もちろん最先端の難しい話なのだが、皆さん例外なく、部外者にもわかりやすく、面白かった。達人というものはそういうものなのである。やさしいことを難しく話しているような人は、「自分は研究者だから」などとおっしゃらないほうがいい。

第3章　4学期制と民事基本法先行集中学習カリキュラム

1　4学期制に不向きな法律学

２０１４年の夏、武蔵野大学は、翌年から全学を挙げて完全４学期制を実施する方針を打ち出した。これは、文部科学省のギャップイヤーに関するプログラムに参加したことで選択された方針とのことで、その大きな狙いとしては、教育のグローバル化や学外研修の強化がある。第２学期に必修科目を極力入れないようにして、学生の６月中旬から９月中旬までの３か月の留学や長期インターンシップなどを推奨しようというのである。

しかし、法学部カリキュラム作成の責任者だった私は、当初案を提出した後でこれを聞かされて、非常に困惑した。法律学の専任者であれば誰でも感じることだが、そもそも法律学は、各学問分野の中で最も４学期制対応に不向きな部類に属すると言われている。他の専門の方のために解説すると、法律学の場合は、各科目の講義のボリュームが当該法典によって決まっており、それを伝統的に通年４単位を基準として講述してきた。たとえば民法では、総則で４単位、物権法（担保物権を含む）で４単位、債権各論で４単位、という具合である。それが、セメスター（前後期）制の採用によって、前半後半の２単位ずつに分けられるようになったのであるが、この段階でもすでに、分けたとは言っても、民法総則の後半だけとか債権総論の後半だけという履修が不合理であるのはもちろん、前半だけとか後半だけとかの範囲で問題を作成するのが不適切という、大変もっともな批判があったのである。

それをさらに半分にしたらどうなるか。たとえば債権総論でいえば、最初の四分の一では、ほとんど債務不履行関係の問題しか作れない。そしてそれは問題作成に不便というレベルの話ではない。世の中には債権総論の最初の四分の一だけの紛争などというものはそうないのである。債権総論分野に限定しても、債務不履行に保証や債権譲渡や相殺がからんだりする。つまり、四分の一では、現実の紛争形態にそぐう問題で理解を問うことができないのである。

武蔵野大学法学部は２０１４年４月の開設だが、それ以前の設置準備委員会に私が提出していたのは、もちろん前後期制のカリキュラムであった。この法学部は、法律学科と政治学科を擁しているのであるが、実は政治学科については４学期制対応がかなりスムーズにできるようである。そうすると、政治学科には、積極的に４学期制を採用してグローバル化の方針を打ち出してもらえる。しかし法律学科はどうするか。当時他大学のどなたに聞いても、「法律では無理」という返事であった。実際、たとえば東京大学法学部は２０１５年から４学期制を採用したといわれているが、伺ってみると、（少なくとも２０１５年度は）専門科目の試験は以前と同様前期後期の二回で行っておられるという。しかしそれでは実質4学期にはなっていないのである。

2 逆転の発想——民事基本法先行集中学習カリキュラム

そこで私は腹を決めた。ここで法律学科としては、不本意ながら4学期制に「つきあう」のではなく、その不向きさを逆手に取って、特色のあるカリキュラムを案出しようとしたのである。私は、急遽、翌年の新2年生（1期生）からのカリキュラムを、申請科目は変えずその配当学年を一部だけ変えて、修正することにした。新設学部だからこそ可能になった対応だが、それが、おそらくまだ日本の法学部でどこも採用していないであろう、自ら名付けた「民事基本法先行集中学習カリキュラム」だったのである。

ちなみに武蔵野大学でも、第1学年だけは、初年度教育の継続必要性や語学教育の特殊性から、セメスターで運用をしている科目も多い。そこで、1年生の必修科目である法学、民法（総則）、憲法については、セメスター制を残してもらい、2年次からは徹底してすべて週2コマの集中授業にして、4学期制を完全実施することにしたのである。

まず、以前に述べた、ビジネスと公務員を二大進路とする「マジョリティのための法学教育」という基本コンセプトから、私法の基礎である民法を先行して集中的に教授することにした。法の系統樹を考えれば、民法の先行学習には合理性があるし、それは各種資格試験を目指す学生にとっても効率的である。もっとも、週2コマの集中授業としても、法律学学習の構造上、第2学期を空けるわけにはいかない。留学等は一通りの法律学の基本を身につけてから考えてもらうことにした。そうして創出したのが、おそらく全国の他の法学部よりも民法の進度が早い、民法財産法を2年生ですべて終えるカリキュラムだったのである。

3　民事基本法先行集中学習カリキュラムの内容

この「民事基本法先行集中学習カリキュラム」でも、民法の単位数（5部×4単位で合計20単位）は標準的である。ただ、第5部の家族法（親族法2単位、相続法2単位）を3年生に残して、あとの財産法については、民法総則が必修で1年生前後期配当というところまでは普通だが、その後が、いずれも週2コマ2単位で、民法2Ａ（物権法〔担保物権を除く〕）が2年生1学期、民法2Ｂ（担保物権法）が2年生3学期（2015年度は2学期だったが修正）、民法3Ａ（債権各論前半）が2年生1学期、民法3Ｂ（債権各論後半）が2年生2学期、民法4Ａ（債権総論前半）が2年生3学期、民法4Ｂ（債権総論後半）が2年生4学期、となって、民法財産法がすべて2年生までで終了することになるのである（民法2Ａから4Ｂはすべて基幹科目であり、いわゆる選択必修の扱いで、ほとんどの学生が履修している。また、それぞれ同日の2コマ続きではなく、別の曜日に分けてある)。

したがって2年次は、民法の授業が週4コマあるのが半年(二つの学期)、週2コマあるのが半年(残りの二つの学期)ということになる。

そして、この民法の集中学習を可能にするために、1年生の前期の法学1(法学の基礎)では、(学生生活のリスク管理という新しい観点で)契約法、消費者法、不法行為法の概観から始まり労働法や刑法、道路交通法等に及ぶ導入テキスト(池田編著『プレステップ法学』弘文堂)を使用し、後期の法学2(法学概論)では、さらに債権総論(保証等)や会社法の概観を含んだ民事法中心の入門テキスト(池田共著『法の世界へ』有斐閣)を使用している。

さらに主要三科目の中でも、憲法は1年生で憲法1(統治)を2単位、憲法2(人権)を2単位と、いずれも必修だが単位数を標準より短縮し、刑法は必修の刑法1の2単位を2年生の1学期に遅らせて配当し、さらに2年生の4学期には企業法総論(選択)を置くという、全体に民事に傾斜したカリキュラムにして、ビジネスと公務員という、先述の二大進路に合わせた教育を実施しているのである。

4 新カリキュラムの成果の検証

この新機軸の4学期制対応カリキュラムがどう実を結ぶかは、2016年4月の段階では、まだこのカリキュラムでの授業を受けた最初の学年（法学部1期生）が3年生に進級したばかりなので、もう少し時間が経たないと見えてこないというのが正直なところである。

ただ、1期生（昨年の2年生）は、年4期計6回の民法の試験に、大健闘でついてきてくれたというのが実感である。私の債権各論・総論の試験については、前任校（債権各論は2年次だが、総論は3・4年次配当）でしたのと質量ともに同レベルの問題を出したのだが、前任校のときとまったく同様に、60分の試験時間で一人も途中退席せず、全員が時間ぎりぎりまで必死に書いてくれた。

しかし4学期制であると、前後期の場合と違って、その2か月ほどの間に体調が思わしくなかったり、家庭の事情で出席が不十分だったりすると、成績が上下しやすい。ましてまだ2年生で、安定的な基礎力がついていないということもあり、たとえば債権各論・総論の年４回の試験でも各人の成績にかなり変動が見られる。

もっとも、４学期制には、小・中規模の学部学科であれば、週2コマの授業を1年間4期同じ教員が担当すると、かなり個々の学生の力量や学習傾向が把握できるという利点もある。まして私の場合、自ら志願して1年生前期の法学1の共同担当者になっており、かつ2年生の債権各論・債権総論を通して担当しているので、法律学科約１５０名の全員について、1年生入学の時点から2年間をつぶさに観察できたわけである。そのうえ、前章に書いた「大教室双方向授業」を実践してきたので、２年間でほぼ学年全員の顔と名前が一致するに至っている。

5　法曹・士業プログラム

もっとも、ビジネス・公務員の進路に傾斜したカリキュラムを設定して基本的な特色とするといっても、法律学科の学生には、司法試験受験希望者や、司法書士、不動産鑑定士などの士業を目指す学生が現れてくるのは当然であり、そういう学生にもしっかり対応できなければ、やはり法学部として相対的な弱点を持つことになってしまう。

そこで、武蔵野大学法学部では、カリキュラム外で、法曹・士業の志望者を対象とする、弁護士による土曜日の演習授業を設置し、さらにその受講者中から選抜して、外部予備校の受講料等を一定金額まで大学が負担する形の奨学金制度も設定することにした。なお武蔵野大学では、以前から国家公務員志望者等については、法学部と経済学部にまたがる育成プログラム（入試成績で選抜）を置いているので、この2016年度からの「法曹・士業プログラム」の設置で、主要な進路への支援の対策が整ったといえる。

6　民事基本法先行集中学習の現時点での報告

先に書いたように、成果が出るのはこれからである。ただ、ここではいくつかのエピソードを紹介しておきたい。

エピソード1

一つ目は、右に書いた成績の上下に関する話である。武蔵野大学では、Ａ（優）の上のＳ（秀）という評点があり、90点以上の場合はＳをつける。一人の女子学生が、民法の面白さに目覚めて、２年生1学期の民法３ＡでＳを取った。ただ本人はそこで少し安心したのか、２学期の３Ｂでは不合格のＤを取ってしまったのである。しかし、そこで一念発起した彼女は、３学期の４Ａでは毎回正面の一番前の席に座って頑張り、その結果再度Ｓを取り返した。調べたところ、Ｓ→Ｄ→Ｓと推移したのは、学年中でこの女子学生だけだった。そこで私は、４学期の最初の授業で３学期の成績優秀者を発表した折に、小さな盾を用意して彼女を表彰した。盾に彫られた賞のタイトルは「ＹＤＫ賞」。高校生や大学生ならすぐにわかる。「やればできる子」賞である。教室中の爆笑と拍手の中で、彼女は嬉しそうに盾を受け取ってくれた。

エピソード2

ただ、私がより手ごたえを感じたのは、その授業後の風景だった。終了後も半数近くの学生はすぐに立ち去らず、教室のあちこちに、10人ずつくらいの学生諸君の輪ができた。一つの輪では、表彰盾を持った女子学生を中心に、にぎやかな笑い声が広がっている。もう一つの輪でも、優秀者名簿に何人もが載ったグループが、リーダー格の男子学生のコメントに満足そうにうなずいている。ただ、その後ろでハンカチを目に当ててしまった一人の女子学生がいた。

盛り上がったのはある意味4学期制の賜物で、それぞれの学生が成績のアップダウンに一喜一憂するのも前後期制ではなかなか見られない光景なのだが、その中で、問題を読み違えてSを取りそこなった女子学生が、くやしくて泣き出していたのである。

たかが大学の期末試験の一つである。学生たちがここまでの思い入れを見せてくれる大学は、そうないのではないか。この学生たちが、この雰囲気で勉強を続けてくれたら、という思いが私の胸に広がった。

エピソード3

その翌月のことである。宅地建物取引士試験の合格発表があり、武蔵野大学法学部は、2期生（1年生）を含めて合格者を出すことができた。1年生で合格できたのは称賛すべきことだが、法律学科2年生での合格は、私に言わせると、先に述べた「民事基本法先行集中カリキュラム」の成果を考えればいわば当然のことで、数人の合格では、決して喜べるものではない。しかし、新設法学部にとっては、これが「はじめの一歩」の実績なので、彼らについても表彰をすることにした。ただ、彼らは卒業までにさらにいろいろな試験に合格していくであろうから、盾はことさら小さなものにしたのである。

エピローグ

さらに、おまけのエピソードがある。２年生で今回の宅建に合格したＴ君とＷさんは、先述の民法４Ａの成績優秀者発表で、98点のトップタイに名前があった二人だったのである。偶然とはいえ、大学の期末試験の成績と、資格試験の結果が見事に一致した。私はいつも、「資格は予備校で取るものではなく、大学の授業の成果で取るものだ」と説いてきたが、それを証明してくれた二人には本当に感謝したい。

以上、例えて言えば新興ベンチャー企業のささやかなサクセス・ストーリー（しかもまだその予告編レベル）といったところだろうか。けれども教育はベンチャーではない。失敗は許されないのである。一人ひとりの、小さな成功体験を、ひたすら積み重ねていくしかない。次章では、新世代法学部教育のテキストについて述べたい。

第４章　新世代法学教育とそのテキスト＋教材

1　新世代法学教育と「テキスト」論再考

昔の法律書の分類

本章では、新世代法学教育のための「テキスト＋教材」論を書く。まず、「テキスト」論だけでなく「教材」論に及ぶことにご留意いただきたい。次にその具体例として、大変僭越ながら、私自身が、持論である「段階的法学教育」の実現のために作成してきた教科書・諸教材を例にとることをご諒解賜りたい。

古い話から書けば、法律書については、伝統的な分類として、体系書、基本書、入門書などというカテゴリー分けが行われてきた。民法を例にとると、我々の学生時代でいえば、体系書としては、我妻栄博士の『民法講義』(岩波書店)や、有斐閣の法律学全集のものなどがそれに当たり、基本書というのは、司法試験を受験する学生が、最も日常的に使用するもので、体系書よりは軽く、学部教科書としてはやや重い程度の包括性のあるものが名指されてきたように思われる。

分担執筆への流れ

その基本書として、個別の学者のものが挙げられていた時代から、多数執筆者の分担になる基本書兼標準テキストという座を勝ちえたのが、民法分野ではいわゆる有斐閣双書シリーズの遠藤浩ほか編『民法（１）総則』から『民法（９）相続』であった（初版１９６９年）。これが法学部の講義のテキストから司法試験の受験者が精読する基本書までを兼ねるものとして版を重ね、当時はいわば一世を風靡したと言ってよい。そして、有斐閣双書の後継として作られたのが有斐閣Ｓシリーズである。民法についていえば、双書よりもさらに一回りコンパクトにまとめた5冊本の教科書で、４単位５部構成の民法の講義にぴったり合っている。私自身もこのＳシリーズの『民法Ⅲ　債権総論』（初版１９８８年、現在第５版）に執筆者の一人として参加しているが、同社ではすでに次の世代の執筆者によるシリーズが主流になっている。

こういう一連の教科書のニーズはなお確かにあるものの、あるべき法律の教え方としてそれだけでよいのかというのが、実は私が大学教員生活のかなり早い段階から感じていた疑問であった。そしてそれは、法律学における体系書→基本書→入門書というカテゴリーの作り方への疑問にもつながっていったのである。

2　ユーザー・オリエンテッドとは

もう50年も前のことである。前述の有斐閣双書『民法』の執筆者のお一人から、「我妻先生の民法講義を要約して書いた」というコメントを聴いたことがある。当時まだ助手だった私は、実はその学者の主体性のなさに批判的な思いを抱いたのだが、ここで言いたいのはその点ではない。当時の基本書は、多かれ少なかれ、そのような体系書のダイジェストであった。そしてさらに、（これはもっと問題が多いのだが）入門書と呼ばれるものはその基本書のダイジェストだったのである。

しかしながら、それでよいのだろうか。そのような発想のテキストで、教わる側に何を与えられるのか。そもそも、教わる側は何を求めているのかを考えてそれぞれのテキストが作られているのか。これが、私が抱いた疑問の中身であったのである。

3　段階的法学教育とテキストの対応

私が説いてきた段階的法学教育論では、法学教育は段階ごとに目的も方法論もはっきりと異なるものである。そうするとそのテキストは、決して（段階の上位から順に）詳細な書物を要約したり記述を間引いて行って作られるべきものではないのである。

私は、まず大学法学部での法学（法律学）教育について、導入教育、専門基幹教育、専門展開教育という段階を考え、さらに法科大学院での教育はそれらとは異なる「職能教育」と位置づけている。また、大学での法学入門教育についても、正確に言えば法学部での「導入」教育と、他学部での（それ以降法律学を学ばない可能性の高い学生たちのための）入門教育では違いがあることも論じている。そしてさらに、大学外での教育に、市民教育ないし教養教育としての法学教育があると位置づけているのである（第1章参照）。

したがって、正確かつ効率的に教育効果を挙げるためには、それらの段階それぞれに対応した、別々のテキストその他の教材が必要なのである。

4　「専門基幹教育」の基本書や入門書の見直し

とはいえ、私が最初に前記のSシリーズ『民法Ⅲ　債権総論』の執筆を依頼された時点では、私自身、当時の体系書や類似の教科書を参考にしながら執筆するのが精一杯だった。それに、突出した記述をする能力も見識もなかったのだが、その段階で一点だけ、まだ当時の類書にない項目を入れた。それが、「連帯債務と連帯保証の異同」という項目であった。つまり当時の教科書では、連帯債務の項目の記述と保証の項目の記述は完全に独立しており、両者を比較する記述はなかったのだが、実務では、連帯保証を取るか連帯債務者にするかのいずれがより望ましいかは、当然のように知らなければならない事項である。それが、30年近く前の私の最初のメッセージだった。

しかし共著の教科書では、記述内容にしても形式にしても、はっきりした独自性を出すことは難しい。そこで私の「自分流の教科書作り」は、単著の『スタートライン債権法』(日本評論社、1995年、現在第7版)から始まった。これは、法律学習雑誌の連載を基にした、初心者向けの教科書(一般の大学法学部2・3年生程度の債権各論・債権総論でも採用されることを想定した、易しい「専門基幹教育」用教科書)であったが、自分の大教室講義の経験を元に、初学者が間違えやすいところを詳しく解説したりしただけでなく、文字通り「本邦初」の試みとして、各章の最初と最後に、民法とは関係のない、学生生活の四季に関するコラムを(しかも素人短歌付きで)入れたのである。そうすると、多くの読者は、最初にコラムだけを拾い読みをする。それでいい、コラムを全部読み終わってから、その間に書いてある法律の文章に興味を持って読み始めてくれれば、という、なんとも破天荒な発想で作った、「独習可能な教科書」だった。今でもよく若造に好き勝手にやらせてくれたものと思うのだが、初心者向けの教科書では、興味を持たせることが第一で、とにかく最後まで読み切らせることを考えるべき、という私の確固たる信念に基づいて作ったものだったのである。

加えていえば、法律学の基幹教育においては、教える順番は条文、判例、学説であるべきなのに、わが国の法律学では学説が非常に幅をきかせてきた。そこで本書では、まず条文、次に判例、の順序を徹底させた。わが国では、基本書に位置づけられるものの中にも、先に学説の議論ばかりを書いて、後のほうに「しかし判例はそうなっていない」と付け加えるような書きぶりをするものがある。私に言わせれば、そういうものは（学問的な価値は高くても）基幹教育の教科書に採用するべき性質のものではないのである。

なお、右の『スタートライン債権法』の姉妹編として出した『スタートライン民法総論』（日本評論社、2006年、現在第4版）は、「総論」というネーミングからもわかるように、さらに導入レベルに近寄せて、民法総則だけでなく、物権法、債権法、親族・相続法の本当の入口に関する記載を加えたものである。出版当時は、一定レベルにある法学部では民法総則の授業で使うにも易しすぎると考えていたのであるが、読者カードでは、法学部の民法導入テキストとしてだけでなく、法科大学院の完全未修者の独習用にも一定のニーズがあるようである。

5　導入教育の「法学」テキストの改革

さて、右のように「専門基幹教育」用のテキストを開発した後で考えたのは、最初の「導入教育」用の、法学部1年生の「法学」教科書の改革であった。導入教育のテキストは、何を措いても「面白く」なければならないというのが私の信念である。意欲に燃えて法学部に入ってきた新入生に、「法学」はつまらないと思わせては絶対にいけない。けれども、従来の法学教科書というのは、正直のところどれも非常につまらなかった。その理由は、学者の頭で法学（法律学）の体系を考えて、その最初に置くべき分類や定義をそのまま法学テキストの内容にしていたからである。成文法と不文法、勿論解釈や拡大解釈などという講義をされて、新入生には面白いはずがないのである。

その改革の第一弾として、私は、いわゆる法学概論ではなく、各法分野の紹介から入る法学テキストを作りたいと思った。しかも民事、刑事、公法と全般にわたるのではなく、思い切って民事だけで行こう、と考えたのである。幸い有斐閣のアルマシリーズの企画で、それが実現する。書名は五名の共著者の長い議論の末に、その「導入教育」の意図をまさに象徴するものになった。それが、同シリーズの中でも現在までおそらく一、二を争う出版部数となっていると思われる『法の世界へ』（有斐閣、１９９６年、現在第９版）である。

しかし私はさらに考えた。いやいやながら法学部に入ってきた学生諸君や、これ以降法律を学ばないかもしれない他学部生の諸君にも、面白い、履修してよかった、と思ってもらえるような法学教科書はできないか。そう思って作ったのが、池田編著の『プレステップ法学』（弘文堂、２００９年、現在第５版）である。ここでは、発想はさらに飛んで、「大学生活の危機管理」、つまり大学生になって出会うトラブル等に対処できるための法律知識から入ることにし、しかも、各章とも登場人物のイラスト入りの会話から始まることにしたのである。ひたすら

「面白くて役に立つ法学」を目指したわけである。私としては、これが現時点では自分なりに「ユーザー・オリエンテッド」を究めた作品と考えている。

実際、武蔵野大学法学部法律学科の1年生については、前期の「法学1（法の基礎）」は『プレステップ法学』を教科書にし、後期の「法学2（法学概論）」は『法の世界へ』を教科書にして、「導入」法学教育を実践している。

6 「テキスト」から「テキスト＋教材」へ

さて、大学基幹教育としての法律学教育に話を戻すと、私が意識したのは、教室での講義内容と、現場の取引実務の乖離であった。たとえば、登記簿のどこに何が書いてあるかも知らずに物権法を学ぶとか、契約書のひな形も見たことなしに債権法を教わる、といったことでは、生きた法学教育になっていないと考えたのである。

ことに、我が国の民法学は、解釈学が主流で、学者の関心がそのまま教科書に反映されて、学説の争いの記述などが多い内容になっている。そうではなくて、第1章にも書いたように、法学部生の圧倒的なマジョリティは法曹にはならず、ビジネスや公務員の進路に進むのであるから、彼らを社会に送り出すためには、学生のうちから教室と実務がつながる教育をしなければならないのである。

そうすると、大学法学部での法律学教育は、教科書にしろ基本書にしろ、従来の「テキスト」では足りないはずである。つまり、端的に言えば、登記簿や契約書ひな形の現物を解説する「教材」が必要なのである。その観点から編まれたのが、『目で見る民法教材』（有斐閣、初版1988年）である。これは画期的な教材であったと思うのだが、私はこの共編著者に最年少メンバーとして参加し、さらに現在その後継書となっている『民法Visual Materials』（有斐閣、2008年、現在第3版）では、最年長の編著者としてひとつ下の世代の執筆者たちのまとめ役を務めている。

さらに言えば、判例を学習するのであれば、判例の読み方、位置づけ方、検索の仕方等を学習する教材も必要になるはずである。つまり、各法分野で定番になっている『判例百選』（有斐閣）などの判例「解説書」ではなく、判例「学習書」が必要なのである。その観点から編著者として作ったのが、『判例学習のA to Z』（有斐閣、2010年、現在絶版）という副読本である。

これらが、私の考える「テキスト」から「テキスト＋教材」への流れに対応するものなのである。

7　テキストは「標準」から「新標準」へ

テキストの記載内容の見直し

さらに、伝統的な法律学教科書は、記述すべき内容や項目についても見直されなければならない。前述のようにマジョリティの法学部生をビジネスの世界に送り込むのであれば、判例や学説の記述だけでいいはずがないのである。

新しい法律学教育の「標準テキスト」には、たとえば民法債権各論の契約法の教科書で言えば、現在の社会で頻繁に使われている非典型契約（リース契約、クレジット契約、カードローン契約等々。民法典には条文がない）に一定量の記述が割かれていなければならない。実務への架橋という観点で言えば、契約条項（期限の利益喪失条項、表明保証条項、コベナンツ条項など）にもそれなりの言及がなければならないはずである。また、「学び方」の教授という点では、判例を読む上でも、事例問題を解く上でも、当事者の「関係図」の書き方の指導などをテキストの中に掲げなければならないはずである。

それらの観点を入れて書いたのが、拙著『新標準講義民法債権総論』（慶應義塾大学出版会、２００９年、現在全訂３版）、『新標準講義民法債権各論』（同、２０１０年、現在２版）である。

テキストにおける「新標準」とは

ちなみに、その『新標準』というタイトルは、いわゆる条文解釈学に拘泥するよりも、そういう現代の実務で実際に行われている契約等に力を入れて学ぶべきという考え方をテキストに反映させ、そのような教授内容が「新標準」になるべきという趣旨を込めたネーミングである。つまりそれは、司法試験のための解釈論を教えるよりも、マジョリティの学生のために、実際の取引社会で使われる契約等の自主的なルールの学習を重視するという方向を示している。したがって、類書よりも学説の引用は少ない。またこの考え方は、私が現在確立させようとしている「ビジネス法務学」の内容にも合致する。

もちろん、それらもなお不十分であり、かつ記述内容にはより優れた著作が他にいくらでもあることは明記しておくのだが、私は、学習者に何が必要か、何を教えておくべきか、という基準を立てて自分のテキストを作っていることをここで申し上げておきたいと思う。

何もそこまでしなくても、とか、学びの工夫は学習者のほうでするべきもの、などというお考えもあろう。私はそのそれぞれに教育論として一理あるとは思う。ただ、わが「新世代法学部教育」では、徹底した「ユーザー・オリエンテッド」の姿勢を貫こうとしているわけである。

8　今後の課題――電子書籍テキストは？

段階別テキストやサブテキストのメニュー揃え

私はその他、導入教育の法学用に必要十分な超薄型六法の開発（石川・池田ほか編『法学六法』（信山社、２００８年以来毎年発行）、関係図を入れ裁判の流れや判決の位置づけに解説の重点を置いた判例解説書の出版（奥田・安永・池田編『判例講義民法２　債権』悠々社、２００２年、現在は池田・片山・北居編『判例講義民法２　債権』勁草書房、新訂第３版が承継）、さらに他学部・社会人向けの一冊本民法入門テキストの作成（単著『民法への招待』税務経理協会、初版１９９７年、現在第６版）などを行って、現状では講義のためのテキスト・教材のラインナップを一応完成させている（その後２０２４年には、論文の書き方について、池田・金『法学系論文の書き方と文献検索引用法』（税務経理協会）も出版している）。

テキストの電子書籍化の進展

そうすると今後は電子書籍のテキスト採用などのテーマを検討することになるのだが（先述の『法の世界へ』など、現在では多くのテキストが電子書籍版も発行している）、これについての授業運営上の問題点などは、機会を改めて書くことにしたい。

例外的な国際ネット無償閲覧の事例

なお上記『民法への招待』は、「日本・カンボジア法律家の会（通称JJリーグ）」の弁護士さんたちのご尽力で、２０００年から、クメール語に翻訳されてカンボジアの法学教育教材として使用されている。これが当初は書籍の形でカンボジアの大学や裁判官養成所、弁護士会等に寄贈されたのだが、そのうち現地で海賊版が売られるようになって、同会のご尽力と出版社のご理解で、現在はクメール語版はmasaoikeda.comという国際ドメインで無償で閲覧できるようになっている。結果的にテキストの電子書籍化（有料使用）よりも進んだ形が実現しているわけである。同会の桜木和代弁護士、塩澤一洋成蹊大学教授を始め、カンボジア側の翻訳者の先生方等に感謝したい（ちなみに２０２１年末には最新第6版が翻訳されてオンラインで記念式典があり（池田「クメール語最新版『民法への招待』の役割と新しい民法学の提言」武蔵野法学16号35頁以下参照）、さらに２０２４年にはその紙媒体のものも製作していただいた。なお同書は、朱大明東京大学教授（元北京大学、武蔵野大学教授）ほかの皆さんのご尽力で中国語版も出版されている（『民法的精義』清華大学出版社、２０２０年）。

9　現代の新しい問題意識

ただ、本章初出の段階（２０１６年）では以上までの問題意識だったのだが、２０２４年の段階では、問題意識は全く異なる段階に至っている。つまり、ひとりの（権威としての）学者が書くか分担するかとか、体系書を簡易にして入門書にするのはおかしいとかいう議論は歴史的にそれなりに意味があったが、２０２４年の段階では、そもそも法律の細かい解釈学の問題よりも、それぞれの法律が、誰のどういう利益や保護を考えて作られているのか、そしてこの変革の時代にどういう寿命や機能範囲を持ちうるのか、などという、法律書執筆者の時代意識ないし課題意識が問題になる時代になってきたように思われる。ここでは問題提示にとどめるが、法学テキスト論も、法学教育イノベーションの進展によって、根底からの価値基準・評価基準の変容がありうることを予告しておこう。

第5章　解釈学の伝授から「ルール創り教育」へ

1　新世代法学部教育と教育内容の再考

本書第1章に掲げたこの数字をご記憶だろうか。2015年の段階で、法学部（法学類含む）の定員総数は13万6577人とのことである（読売新聞「大学の実力」編集部調査から）。つまり一学年の定員は約3万4000人なので、毎年の司法試験合格者をほぼ現状の約2000人とすると、その数字は法学部（法学類含む）の学生一学年の一割にも満たない。法律・行政関係の総合職国家公務員試験合格者（2015年度の同試験の最終合格者は学部卒生の法律区分277名、院卒生の行政区分253名）を加えても同様である。つまり、今や「法学部生の九割以上は法曹やキャリア国家公務員にならない」わけである。

そこで、わが国の法学部教育は（少なくともその主要部分は）、その九割以上の、法曹にならない「圧倒的多数派」の学生のために展開されなければならないとしたのが、本連載の冒頭で示した、私の「新世代法学部教育論」の基本コンセプトであった。

それに基づいて、前回はテキストのあり方などを再考したわけであるが、もっと根本的に、教えるべき法律学の内容それ自体を変容させる必要があるのではないかというのが、本章での議論である。

2　学者の問題意識と学生のニーズの乖離

それに関連して、教える側の学者の関心のありようについても問題提起をしなければならない。

以前、ある高名な裁判官の方に、民法学者の議論の場に同席していただいたことがある。後でその裁判官が漏らした感想は、「民法学者の皆さんがメタな議論がお好きなのに驚いた」というものだった。メタな、とは、あえて表現を選ばれたのであろうが、超越したとか、理論を解釈するための理論、というよりつまりは、「現実と乖離した、観念的な解釈論議がお好きなのですね」という、半ばあきれたような感想ではなかったかと私個人は感じたものである。

つまり、教わる側の九割以上が法曹にならないのに、教える側の学者の問題意識が人々の現実の生活と乖離した細かい法律解釈論や理論構築にばかり向いているとしたら、そこには大きな乖離があることになるのである。

具体例をもう一つ加えよう。これは２０１６年現在国会提出中の民法債権関係改正案の下準備の研究会で、私が何度も経験したことである。いくつかの新奇な改正提案について、その必要性、必然性を問う私に対して、「でもこういう解釈でも説明はつきますよね」という返事が何度も返ってきた（詳細はここでは述べないが、たとえば、契約の解除の制度から帰責事由の要件を外せば、危険負担という制度は解除で説明できるから不要になる、などという議論がその代表例である）。私は一国の民法改正は、その受け手であり使い手である市民の立場で問題があるのかどうか、使い勝手がいいかどうかという観点でなされるべきだと思っているのだが、民法学者の中には、理論的な整合性から民法改正を考えようとする者がかなりの数存在するということも事実である。

さすがに講義内容と問題関心とは別なのであろうが、そのような問題関心が講義にもにじみ出るというのであれば、論じるべき問題はかなり根深いものとなろう。

3　法曹養成教育を離れた法学部「専門」教育の追求

そして、これも本書ですでに触れたところであるが、法曹養成教育を離れた法学部「専門」教育の独自の意味が探究されなければならない。法曹養成以外の法学部教育がいわゆる「リベラル・アーツ」の教育になったり、「市民教育」になってしまうのでは、法学部の独自の存在意義がないと私は思っているのである。

またこの点に関して、「リーガルマインドの養成」ということもよく言われるが、この「リーガルマインド」という抽象的な用語、またその「養成」という、方法論が不明なかつ達成度の測定困難な目標設定にも、疑問の目が向けられなければならない。

4　法学教育＝法曹養成教育という歴史

さらにここでの議論の前提として指摘しておかなければならないことは、わが国の法学教育は、歴史的に見てもその最初から法曹・官僚養成のための教育であったということである（以下詳細は別稿に譲り、要点だけを記す）。

わが国の法学教育史は、明治５（１８７２）年の明法寮（のちに司法省法学校）に始まる。そしてその司法省での法律専門家の養成は、当初からブスケらによってフランス語で行われた（ボワソナードとブスケが担当して本格的な法律学教育が開始されたのは明治７年４月からである）。その「正則科」と呼ばれた修業期間８年の正科は、明治17年末に廃止され、いったん文部省直轄の「東京法学校」なるものに移管されてから、翌18年に東京大学法学部に吸収合併される（同大学が東京帝国大学法科大学に改組されるのは翌19年３月である）。

もう一つ、明治９年４月の司法省員外出仕生徒教育に始まる、司法官の短期養成を目的とした修業期間２年の「速成科」は司法省に残るのだが、この速成科も明治20年に終了する。ここからは多くが判事登用試験に合格し、またその他の卒業生には代言人の無試験免許が認められた（以上の詳細は手塚豊『明治法学教育史の研究』（手塚豊著作集第9巻）慶應通信、1988年、3頁以下所収の「司法省法学校小史」参照）。

つまりそれらの教育機関で養成されたのは、裁判官や政府の要職に就く法律専門家であった（梅謙次郎も司法省法学校出身である）。さらに言えば、この歴史の初めから、法曹・官僚養成教育について司法省と文部省の綱引きがすでに始まっていたことが指摘できる。そしてこの司法省・東京大学（文部省）による法曹・官僚養成に、私立の法律学校も参入したわけであるが、私立の法律学校は代言人（弁護士）の主要な供給源となったと思われる。要するに、明治以来の官学・私学による法律学教育は、当初からほとんどすべてが法曹と官僚の養成を目的としていたのである。

なお、この点で唯一の例外と言えそうなのは、福澤諭吉の慶應義塾が開設した、大学部法律科（明治23年開設）であった。福澤は、法律は「人生必須の学問」であって、「判事となり代言人となるがために法律を学ぶと云ふ者は、未だこの学の区域を知らざる人の考たるに過ぎず」と述べて、ハーバード大学から招聘した、後年大法学者となる若き日のジョン・ヘンリー・ウィグモアに、（まさに旧民法典などの国内法が急速に整備されつつある時期に）英語で英米法を講義させたのである（村上一博教授は、その論考「福澤諭吉と『近代的代言人』児玉淳一郎」の中で、「福澤が法学教育の重要性を認識していたことは疑いない。しかし、福澤の場合、私立法律学校における法曹養成を積極的に評価する姿勢はどこにも見られない」と評する（『福澤諭吉の法思想』慶應義塾出版会、2002年、163頁）。しかし、この孤高の試みは（いわば当然の結果として）成功に至らず、10年間で卒業生は30名にとどまり、かつ同校もウィグモア離日後は急速に、他の法律学校と同様の、日本法を日本語で講義する教育機関になっていったのである（詳細は岩谷十郎「法科大学院の創始と福澤諭吉」（福澤諭吉年鑑32、福澤諭吉協会、2005年、85頁以下参照）。

5　法曹・官僚養成の枠組みの中での法学教育論の限界

私はすでに、法学教育論の歴史と「法学部教育論」の不在について、末弘厳太郎博士の業績から説き起こして書いたことがある（池田「新世代法学部教育論――「法曹養成」を超えた真の指標を求めて」世界（岩波書店）2015年9月号256頁以下）。したがってここではそれを繰り返すことはしないが、末弘博士にあっても、法曹や官僚にならない「その他の一般学生」は、「工場見学者に喩ふべきものたるに過ぎ」ず、それらの法学部生のための教育は、「特殊の法学教育」という位置づけであったのである。

さらに、ここ十数年ほどの我が国の法学教育論議は、ほとんどが法科大学院関係のものであった。代表的な業績としての米倉明東京大学名誉教授の膨大な連載には、本稿と方向性の近い法学部教育論（ただし同教授の記述は「市民教育」の方向）も含まれるが、基本はやはりその夕イトルにも示されるとおり法科大学院の目線・距離感からの言及である（米倉明「法科大学院雑記帳」戸籍時報連載中（初出時）。ことに本稿との関係では、同誌721号、723号、さらに736号での拙稿の詳細なご紹介には深甚の謝意を表する）。

他にたとえば滝澤聿代『変動する法社会と法学教育——民法改正・法科大学院』（日本評論社、2013年）所収の論考は、完全に法科大学院論である。さらに、滝沢教授が言及する近年の平井＝内田論争（NBL684号、685号、689号、690号等参照）と呼ばれたものの中の教育論議も、（両者の契約法学観はさておき）つまるところ、法曹・官僚（あるいはより広く「法律家」）養成の使命を与えられてきた東京大学における世代間論争であったとも見うる。平井教授の、同大学での教育経験に基づく論理展開の姿勢は至極正当であると思えるが、内田教授側の批判に、具体的な実践に基づいた問題提起や提案が見出せないのであれば、これは結局、本稿の法学部教育論が参考にする一般性には乏しい議論であったと言わざるを得ないのである。

6　エアポケット状態の「法学部教育論」

前掲の「世界」拙稿で十分に紹介しなかった大村敦志東京大学教授の（およびその率いる学会の）「法教育」についての業績にも若干触れておく必要があろう。それらは、高校生や市民らに法教育を普及させていこうとする方向の試みとしては、相当に高い評価を与えられるべきものと思う。ただ、それらも、私がここで論じようとする「大学法学部での法学専門教育」とは発想においてすでにズレがあるように私は感じている。この点は大村教授自らが、その初期の論考において、「正攻法として考えられるのは、現代日本の「法学教育」、とりわけ法学部における法学教育（以下、「法学部教育」と呼ぶ）の現状を子細に検討し、そこから方策を見出すというやり方であろう。しかし、本章はあえてこのようなアプローチをとらずに、検討対象たる「現代日本の法学教育（とくに法学部教育）を相対化して、言わば外側から見ることによって、法学教育のあり方を考えるというやり方をとりたい」と述べているところである（大村『法典・教育・民法学』有斐閣、１９９９年、１２４頁）。

したがって、「法曹養成以外の法学部専門教育」についての議論は、なお見落としはあろうかとは思われるものの、過去も現在も、エアポケットに入ったように手薄になっていたと感じるのである（以上を詳論した私の学術論文として、「日本法学教育史再考」があり、本書第Ⅴ部に収録する）。

7　解釈学中心の教育法との訣別

以上の検討を踏まえて、私見の「法曹養成以外の法学部専門教育」論を展開することになる。結論を端的に言うと、これまでのいわゆる解釈学中心の法律学講義は、今後大幅に変容していかなければならないだろうというのが、私の見解なのである。

これまでのわが国の法学部では、いわゆる法律、すなわち国会で制定された憲法、民法、刑法などの法律を教え、しかもその解釈論を詳細に教えて来た。そして学説の対立を論じ、また判例の形成を紹介してきた（先に述べたように、すでにこれは判例と学説の教える順序が逆なのであるが）。しかしそれは誰の何のためになるのかということである。法律を使う専門家の裁判官、検察官、弁護士（さらに学者）を育てるため、また官僚を養成するためには確かに役立つであろう。けれども、それらにならない九割以上の法学部生たちをメイン・ターゲットと考えたときには、それは最も有用な教育方法・教育内容となるであろうか。

つまり、最近の文部科学省的な言い方をすれば、現代の法学部は、九割以上の法学部生に対して、どのような到達目標を設定するのか。そしてその目標は、詳細な法解釈学を伝授することによって達成できるものなのか。換言すれば、解釈論の緻密であることが「良い」教育の指標になるのか。我々は、解釈論の伝授を最大の目標とする法学部教育と訣別すべき時期にきているのではなかろうか。

8　「ルールを創れる人」の育成法序説

ここから先は、まだ私自身も完成させていない、開発途中の教育手法にかかわるので、記述は抑制的にならざるを得ない。もっと言えば、軽率に手の内をさらけ出すわけにもいかないというより、成果も世に示せていないうちに書いてはいけないことかもしれないのだが、ここでも私は、すでにテキストについて「ユーザー・オリエンテッド」という表現をしたように、いわば「カスタマー・オリエンテッド」な視点で法学部教育を考えようとしているのである。

現代の法学部生たちの最大の進路は、民間企業への就職であろう。ついでは、地方公務員になったりする者が多いかと思われる。もちろん法曹や各種士業の資格試験を目指す学生に対する手当も怠ってはいけない。それらの各進路に進む法学部生すべてを対象として包含する内容での、法学部「専門」教育が探求されなければならないのである。

そこで私は、現在教鞭を取っている武蔵野大学法学部法律学科では、既存の法律の解釈ばかりを教えるのではなく、法律の学びを通じて、もっと広い意味の「ルール創り」を教えることを目的にしたのである。具体的には、判例がどう、学説がどうという話よりも前に、この条文は何のために、誰の利益を考えて、あるいは誰と誰の利益のバランスを考えて作ってあるのか、とか、この条文はどういう機能を果たしているのか、またこういうルールがなかったら人はどう行動するのか、などを教えていくのである。

9　多様な集団における最適ルールの創造──「ルール創り教育」への展開

繰り返すが、私が念頭に置いている法学部生は、非常に多様な進路に進む学生たちである。そうすると、法学部教育は、それら卒業生が入っていくさまざまな人の集団（国、企業、地域社会）のあり方を考慮して、そのいずれにおいても、「構成員たちの幸福を考え、その集団に最適なルール創りができる人」を養成するものであるべきなのである。

したがって、教える素材はいわゆる狭義の「法律」であっても、新世代の法学部教育は、その法律の解釈論で完結するのではなく、それをあくまでも「素材」として、あるべき「ルール」の意味、機能、そしてその作り方、を教授する方向に新たな地平を見出すべきと考えるのである。

このように、解釈論の伝授を「ルール創り」教育に置き換えると、法学部教育は、これまで縁遠い存在と思われていたいくつかのものと接近することになる。次章ではそれらについて例を挙げて説明し、そして、教育の理念と実践の関係を再論して、この「原論」のとりあえずの結びとしたい。

第6章　法学部教育の新たな地平

1　法学教育とリーダーシップ教育の接近

前章では、新世代の法学部教育は、これまでの詳細な解釈学重視の教育と訣別するべきとして、解釈論の伝授を「ルール創り」教育に置き換えることを提案した。そのようにすると、実は法学教育は、これまでは非常に縁遠い関係と思われてきた、いくつかのものと接近する。その一つが、いわゆるリーダーシップ教育である。

たまたま、大阪大学の野村美明名誉教授（同大学国際公共政策研究科グローバルリーダーシップ連携分野特任教授）の「リーダーシップ教育と法学教育」というエッセイに接した（DH国際書房『法律書新刊・在庫案内カタログ』41号、2016年6月、裏表紙に掲載）。

そこで野村教授は、「法学教育ほどリーダーシップと縁遠いものはないというと皆納得してくれるのだが」とユーモアを交えて説き起こす（しかし、これまでの解釈学中心の法学教育では、それはまさに事実なのである）。そして、「公的権限を持った人が命令やインセンティブで人々を動かすのは、本来のリーダーシップではない」とされ（これはまさにその通りで、私も全面的に賛同する）、「日本の法律学はリーダーシップに冷たいのだろうか」という問題提起から、「他人の信頼を受けてその人のために行為する者は、もっぱら自分の利益よりもその他人の利益をはかる義務があるということである。これは法律学で言う信認義務（忠実義務）にほかならない」と論理を展開して、「法律学がリーダーシップに無関心なのではなく、日本の法学教育が今の世界に必要な他人のために働く人材の養成に適応しきれていないのではないだろうか」とまとめられるのである。

以上は、「日本で唯一のリーダーシップ教育をする法学者」と自己紹介される野村教授の、グローバルなリーダーを育てようとするプログラムのコーディネーターとしての意見であるが、その意見は、私見のいう「それぞれの人の集団におけるリーダー」論にとっても、大いに共感できるものを含んでいる。

ただおそらく、両者は発想の目線が逆なのであろうと思う。私は、あくまでも「個」つまり学生一人ひとりに対する法学教育のありかたを語ろうとしている。一人ひとりに、「ルール創り」の視点と能力を植え付けることを目的にするのである。それゆえ、「集団から見たリーダー論」からリーダーを育てようとしているわけではなく、「ルールを創れる人」を育てることで、各人に自然とそれぞれの所属する集団の人々との「共生」の目が養われ、その結果、集団のリーダーになって行くような資質と能力が備わるという法学教育を、実現したいと考えているのである。

けれども結果的には、その私の「共生」の発想は、野村教授のいう「自分の利益よりも他人の利益をはかる義務」と共通するはずである。そして「日本の法学教育が今の世界に必要な他人のために働く人材の養成に適応しきれていない」という同教授の指摘は、解釈学偏重の欠点を論じる私見からは、まさに同感ということになるのである。

2　法学教育と政治学教育の接近

もう一つ例示的にいえば、私見のように解釈論の伝授を「ルール創り」教育に置き換えると、法学教育は、政治学教育と親和性を増すと思われる。わが国の法学部には、法律学科と政治学科を擁するところが比較的多いのだが、私の前任校時代の経験では、この二つには実は共通項は非常に少なかったように思う。

独善的な理解になってしまうかもしれないことを恐れるが、現代の政治学は、経済学（計量的手法を含む）や社会学（心理学的アプローチを含む）等の方法論を貪欲に取り入れ、また国際的な視点を非常に強く持つに至っている。進取の気概に富んだ、ヴィヴィッドな学問分野であるように見えるのである。しかしながら、一方の法学は、緻密な解釈論に固執する限り、それら現代政治学の姿勢と対話する視点をなかなか持ちえないように思われる。

けれども、法学教育のポイントを解釈論から「ルール創り」にシフトさせれば、子育てや地方自治から国際条約レベルまで、いわば社会のルール創りのプロセス論としての政治学とは、(少なくともこれまで以上に)接近することはまず疑いのないところと思われるのである。今後は「ルール創り」をキーワードとして、法学教育と政治学教育が連携する場面を、カリキュラム的にも創出していくことができないであろうか。一つの課題として提示したい。

3　法学教育の理念と実践の関係

さて、6章にわたっていわば法学教育イノベーションの原論を語ってきたが、本章でまとめをつけたい。ここからは、法学教育における理念と実践の関係を考察して結びに向かうこととしたい。およそ法学教育に限らず、教育は実践の中にある、というのが私の信念である。いくら立派な教育論を提示しても、実践による検証を伴わなければ、それはほとんど何の意味もない。

4　教育は理念のためではなく学生のためにある

近年、各大学でＦＤとかＩＲという教育改革が浸透しはじめている。ＦＤとはFaculty Development、すなわち「大学教員の教育能力を高めるための実践的方法の開発」のことであり、具体的には、大学の授業改革のための組織的な取り組みなどを指す。ＩＲとは、Institutional Research で、直訳すれば「機関調査」であるが、大学のさまざまな情報を把握・分析して数値化するなどして、結果を教育や研究、学生支援、経営などに活用することを意味する。そして、キャップ制、ナンバリング、アクティブ・ラーニング、ルーブリック評価、などという、横文字の多いさまざまな制度の導入が推奨されている。私は、それらの試みについて否定するものではないし、それらは適切に組み合わせれば大いに効果を上げるものと考えている。しかし大事なことは、教育は、理念や制度のためにするものではなく、学生のためにするものだということである。

ことに、教育というものはマスデータでするものではなかろう（いわゆるビッグデータの統計的分析が役立つことも確かにあろうが、マーケティングなどと比較すると、教育では個別対応の重要性がずっと高いと私は考えている）。さまざまな分析データの数字が一人歩きすることには私はいささかの危惧を覚える。一人ひとりの学生の「顔の見える」教育を実践することが私の理想なのである。

５「インターンシップ」への疑問

また実践といっても、はやりのインターンシップによって「就業体験」を積むことは、職業選択には有益かもしれないが、「法律学」そのもののアクティブ・ラーニングになっているわけでは必ずしもないと私は思う。

ことに最近、数か月間にわたって企業で働きながら職業観を養う長期インターンシップに取り組む大学が増えてきているという。大学1、2年生の段階で長期の就業体験をして働くことの面白さを知ってもらうというのだが（そしてそれが文部科学省も推奨するアクティブ・ラーニングの一環になるということのようだが）、私は、こと法学部法律学科に関しては（政治学科は別論とする）、このような就業体験教育には消極的である。というか、法律学科の学生に向くような就業実習というものはあまりないのではないかと思うのである。

つまり、前回も述べたように、私の考える法学部の「専門」教育は、（法曹養成などは副次的に考えて、「ルールを創れる人を育てる」ことをメインテーマにする場合も）法律という専門を身に付けた、頭脳労働のプロを養成するものであることに変わりはない。そうすると、体で覚える実習体験などとは異なり、実習でも契約書の作り方とか交渉術などを学ばせるべきなどということになって、そういうものは（具体的なケーススタディなどということになると企業秘密や外部に公開しにくいものも多く含まれることになり）そうそう大学の1、2年生などに現場で訓練するわけにはいかないはずなのである（それに加えて、そのような実習をするためには一定の法律知識の蓄積が先行条件になるはずである）。

6　企業等との「エクスターンシップ」の試み

そこで、それらとは異なるものとして、武蔵野大学法学部法律学科では、3年生を対象に、「エクスターンシップ」という科目を新設して、就職活動などとは切り離した、一段次元の高いアクティブ・ラーニングを実践しようとしている。これは、企業側がイニシアチブを持つ「インターン」の就業体験とは全く異なり、大学側が正規カリキュラムとして企業等に協力を依頼するものである。その目的は、大学の教室で学んでいる法律が現場でどう生かされているのかを知るというところにあり、企業や官公庁、業界団体等の活動の中で「生きている法律」を学ぶことにある。いささか大げさな言い方をすれば、目指すのは「新しい産学協働」の形であり、大学内限定の法学教育から「社会活動・企業活動での法」を学ぶ教育への進展・連結を計ろうとしているのである。

具体的には、春の第1学期に企業、官庁、業界団体等から講師を大学に派遣していただき、秋の第3・第4学期には、それらの企業等に学生をグループに分けて派遣して、見学や実地講義を受けるという構成を採っている。

その内容も、各種の特徴的な契約（民法）、コンプライアンスや株主総会（会社法）、経済と法律の関連（金融法）、コンピュータ社会・メディア社会と法（知的財産法、ＩＴ関係法）などという、本学法律学科設置科目（カッコ内が科目名）にリンクさせた諸点を重視した実践学習をすることにしている。見学の後には授業で報告会をさせる。

２０１６年度から開始したばかりで、まだ丸一年たっての検証もできていないので、ここでは具体的な協力企業・官公庁等の名称を公表することは控えるが（本年春の本科目の外部講師実績は、建設会社1、商社1、出版社1、官庁2、業界団体2、さらに別授業枠で金融機関1である）、未だ他大学にはない試みであると申し上げられよう。

7　学外学習と法律学学習の連結

以上のように、インターンとエクスターンについて論じてきたが、おそらく、法律学学習に真の意味で役立つのは、そういう対比で論じられるものではなく、学生諸君が自分とは異質な、異なる価値観を持つ集団の中で生活することによって、価値観の多様性や相対性を知るという、その一点にあるように思われる。そのような価値観の多様性、相対性を知ったうえで、法律などのルールを学び、またそのルールの創り方を学ぶというプロセスをたどれる人物こそが、最も大成できるのではないかと思うのである。これは、大学における長期学外学習カリキュラムの設定などの問題になると思われるが、ここでは問題を提示するにとどめ、詳細の探究は別稿を期したい。

８　わがＤＰ・ＣＰ・ＡＰ論

今般、学校教育法施行規則が改正され、全ての大学は、「卒業認定・学位授与の方針」（ＤＰ、ディプロマ・ポリシー）、「教育課程編成・実施の方針」（ＣＰ、カリキュラム・ポリシー）及び「入学者受入れの方針」（ＡＰ、アドミッション・ポリシー）の三つのポリシーを一貫性あるものとして策定し、公表するものとされた（改正分は平成29年４月１日施行）。これを受けて、中央教育審議会大学分科会大学教育部会では、平成28（２０１６）年３月31日に、この三ポリシーの策定及び運用に関するガイドラインを発表している。その冒頭には、「大学には、学術研究を通じて新たな知を創造するとともに、自らの教育理念に基づく充実した教育活動を展開することにより、生涯学び続け、主体的に考える力を持ち、未来を切り拓いていく人材を育成することが求められる」とうたわれている。すでに平成25年度時点で、九割以上の大学がこれら三つのポリシーを策定し公表していたのであるが、その内容については、抽象的で形式的な記述にとどまるものや、相互の関連性が意識されていないものもあることなどが指摘されていた。

私は、全国の大学が、学長の適切なイニシアチブのもとに、自律的、個性的な教育理念を確立してそれを実践することは非常に結構なことと考えている。しかし、教育というものは、先に書いたようにマスデータでするものではないし、観念的な標語を連ねた表現だけで表されるはずのものでもない。DP、CP、APは、具体的な形で実践されなければ意味がないのである。したがって、第1章から本章までで掲げたさまざまな試みは、すべて所属大学のDP、CP等の具現化を意識してなされていることを述べておきたい。

9　教育の真髄はどこに

私は、かつて前任校の9月卒業式の教員代表祝辞で、自らの考える教育の真髄について、二つの点にあると述べたことがある（池田真朗『新世紀民法学の構築』慶應義塾大学出版会、2015年に収録）。その第一は「付加価値」ということであった。

付加価値というのは、つまり、誰が教えても同じというのではまだ本当に良い教育とは言えない、ということである。このことはもちろん、各大学での教育レベル向上のためのFD研修などを否定するものではない。ことに経験の浅い若手教員たちに一定の教育ノウハウを得させるためには、そのような研修は必須であろう。けれども、研修で教えられたとおりに授業をしているうちは、まだその教育の質の向上には限界があると私は考えている。

教育技術から言えば、同じ知識でも、いかにわかりやすく、深く、そして忘れにくく教えられるか、というのがまず大事なことであろうし、その知識をいかに応用して使いこなせるか、を教えることがさらに重要である。このあたりまでは、マニュアル的な研修指導でもある程度はクリアできるかもしれない。けれども、教わる学生のほうの性格や能力は千差万別なのである。そう考えてくると、教育にこの付加価値をつけるためには、単なる知識伝授の技術の問題ではなく、一人ひとりの学生の人間性の把握も必要になってくる。どういう性格の学生で、問題意識はどこにあり、どういう進路を希望しているのか、というところまでを把握して、その学生に合わせた指導をするのである。

そのような学生個々人の個性の把握は、ゼミナールならやれるけれども大教室では無理、というご意見が多いかもしれない。しかしそうだとすると、ゼミではやれて当たり前で、大教室でやってこそ「付加価値」がつくということになるのである。

そのうえで、私の考える教育の真髄の第二点を言えば、これは自ら書くのは気恥ずかしい思いもあるのだが、やはり「愛情」であろうと考えている。その学生のために良かれと思って教える愛情、これがないと、教育というものは、いくら技術的に優れていても、伝わらないし、残らないし、つながらないのである。

親から十分な愛情を注がれた人は、多くの場合、自分の子どもにも同じように愛情を注ぐ。同様に、指導教授に愛情をもって鍛えられた弟子は、また自分の弟子にも同じように愛情を注いで指導をする。ゼミやサークルで先輩にいろいろ親身に教えてもらった学生は、後輩たちにも同じようにしてあげる、という循環が成立するのである。

この循環の成立については、私は長年の教育経験から、それが真理であると思っている。実際、私の場合、前任の慶應義塾大学のゼミでは、先輩が後輩を教えるという慣行を確立させていたのだが、最後のゼミ卒業生たちは、司法試験受験後に、教える後輩がいないからという理由でボランティアで武蔵野大学の有明キャンパスに来てくれ、毎週当然のように（先輩のいない）法律学科1期生を指導してくれた。

10　結びに代えて

とここまで書いて、私は前言を繰り返さなければならない。教育は実践の中にある（というよりむしろ、実践の中にしかない）。それゆえ結果がすべてなのである。結果を提示できないうちは、私見は何の説得力も持つものではない。今後数年の実践を積み重ねて、新しい法学部の卒業生をしかるべき進路に送り、かつ彼らがそれなりの活躍をして、ようやくこの第1章から第6章までに書いた新世代法学部教育の論理は客観的な評価に供されるものとなりうるのである。

本書第Ⅱ部では、以上に宣明した教育論を実際にどう実践していったかを明らかにする、各論的な報告を連ねていくこととしたい。

第Ⅱ部　実践編——成功への紆余曲折

第7章　大教室双方向授業の展開
——最初の成功要因とコロナ禍による挫折

1　順調な発展期

成功の実感

「先生、面白いですね。ほかの学部や学科は、教室で席を後ろから座るんですね。法律学科はみんな前から座るのに」。

ある授業の後で、法律学科の4期生になるE君が報告に来た。それが、私がわが新世代法学部創設プロジェクトの成功を実感した最初の瞬間だった。

E君がまだ2年生の時だったと思うので、法律学科開設から5年目の2018年のことになる。野球の世界では、ある勝利の後に「これで自信が確信に変わりました」と言ったのは、プロ入り間もない松坂大輔投手の名言であったと記憶するが、それに似た達成感をその時私は味わった。

多くの大学の大教室講義では、席が後ろから埋まるのが通例であろう。かつて、東京大学法学部の看板教授の授業では、外部からもぐりで聴きに来る学生もいるくらいで、最前列の席取り合戦が行われていたと聞いたことがあるが、そういうケースは例外で、たとえば、教室の席数に対して履修登録者が半分くらいであれば、前半分に座る学生はまばらという授業が多いのではなかろうか。けれども、武蔵野大学法学部法律学科でＥ君はそういう経験をせずに育った。だから、他学部他学科の学生との合同の授業に出て、後ろから座る学生たちを面白いと感じたのである。まさしくそれが、法学部法律学科開設以来普及の努力を重ねてきた、大教室双方向授業の成果だった。

大教室双方向授業の浸透

一つの学科で、多数の教員が大教室双方向授業を実施すると、学生たちは必然的に席は前から座るようになる。それはなぜかと言えば、「後ろに座るメリットがなくなる」からである。多くの場合、後ろに座る学生は、その授業にさしたる興味を持っていない。だから、いわゆる内職で他の授業の準備をしたり、ＰＣやスマホで授業と関係のない動画を見たりする。そういう時間を過ごしたいために後ろに座るのである。

けれども大教室双方向授業では、教員がワイヤレスマイクを２本持って教室中を回って講義をする。後ろの席で私語をしていたり内職をしている学生は、格好のターゲットになって、

「君は何か言いたいことがあるのかな」「今講義したところ、君はどう思う」とマイクを向けられるのである。

それゆえ、まず大教室双方向授業を実施すると、教室中の私語が全くなくなる。さらに、後ろに座ると内職などができないばかりか、かえって当てられて危険だということがわかって、席を徐々に前の方に移すことになる。そうすると、だんだん授業内容が面白くなって前のほうの席に定着するようになるのである。

最初が肝心

ただ、そのような効果が発生するには一定の時間がかかる。その効果を早めるには、最初の授業が肝心なのである。第1回の授業の教室に入っていくと、学生たちは教室中にばらけて座っている。若い先生方には強調しているところなのだが、そこでそのまま授業を始めてはいけないのである。

私がよくやる手法は、これは講義担当者としてアカハラとは言われないと思うが、自分の授業のルールを宣言するのである。たとえば、教室の席数と履修登録者数をあらかじめ把握しておいて、「この授業では教室の後ろ3列は座ってはいけません。なぜかというと、そこは、この授業と関係のない学生や、履修登録はしていても出席していない学生が座った時に、それを見分けるために空けておいてほしいのです。そこに座った人がいれば、私が質問に行きます」

と告げる。そして、その場で、後ろ3列に座っている学生を前の方に移動させる。「前の方の席が空いていますよ、どうせ聴くなら前の方がよく頭に入るでしょう」。こうして、後ろ3列がきれいに空いたところで授業を始めるのである。さらに2回目も、前回お休みの人がいるかもしれないので、と言って、同じアナウンスを繰り返す。こうして、その教室のルールを最初に確立する。これが肝心なのである。

教科書にも明記

それだけではない、私の場合は、講義で使用するテキストにも「席は前から5列目以内に」というアドバイスが書いてある（『スタートライン債権法』日本評論社、現在第7版）。もちろん全員が前から5列目以内に座れるわけではない、けれども学習効率を上げるためにはそうしなさい、というアドバイスなのである。

担当者としては、受講者に「分かりやすいテキストです」と言っていただけるのはありがたいが、しっかり教育生産性を上げるためには、何よりご本人が講義にも出て集中して勉強してくれなければならない。そこで「席は前から5列名以内に」というアドバイスを書き込んでいるのだが、初版は1995年で、当時も今でも法律の基本書でそのようなアドバイスが書いてある本はまずほかにないのではなかろうか（私の本では、一冊で民法全部をカバーする『民法への招待』（税務経理協会、現在第6版）でも、学習アドバイスを一つの節として書き込んである）。

「伝統」の形成と成果の発出

こうして、法律学科４期生のE君が3年生になった、つまり開設後6年目に入ったあたりで、武蔵野大学法学部法律学科は、「大教室双方向授業」の浸透・確立を、一つの「伝統」として唱えることができるようになったのである。

そして、もちろん大教室双方向授業の結果というばかりではないのだが、目覚ましい成果がついてくることになる。私のゼミに入ってくれたE君たちは、大学図書館内の唯一お喋りができる共同学習スペースを毎日のように「占拠」して議論しながら勉強していた（その「議論しながらの共同学習」が法律では非常に大事なのである）。そしてE君たちは、7名いたその年度の私のゼミから、慶應義塾大学法科大学院に3名、早稲田大学法科大学院に2名、中央大学法科大学院に1名進学し、もう一人の民間就職希望者はすでに2年生で宅地建物取引士試験に合格して大手不動産仲介会社に就職、という満点の成果を挙げてくれたのである。ちなみにこの学年の法律学科生は、他のゼミの諸君も合わせて、一橋、慶應、早稲田、中央等の法科大学院に延べ26名合格、という武蔵野大学法律学科の一学年の法科大学院進学の記録を作ってくれた。

思いもよらなかった挫折へ

ここまでは順風満帆、と言ってよかったかもしれない。けれど冒頭のE君が「先生、面白いですね」と言ってきてくれた時の、法律学科の「席は前から座る」伝統は、２０２０年からの新型コロナウイルスの蔓延で、もろくも失われることになる。それは、2019年には思いもよらなかった、コロナ禍の下での「大教室双方向授業」の挫折の結果であった。

もちろん、コロナ禍の中でも我々はオンライン（武蔵野法律学科の場合は主としてZoom）による大教室双方向授業の展開を試みた。そしてそれは一応の成果を挙げたように見えたのだが、コロナ明けの検証で、やはり対面でなければできない部分を痛感することになる。以下には、そのコロナ禍での奮闘の歴史を紹介したい。

2　大教室双方向授業の誕生まで

教壇を降りて学生の中へ

「大教室双方向授業」については、第2章に述べたところであるが、本章ではその後の経緯を報告したい。

第2章に書いたように、これは私がもう15年ほど前から実践してきた教授法で、言ってみれば簡単なことなのだが、法律基本科目の大教室講義で、講義時間中、ワイヤレスマイクを2本持って、教壇から降りて、広い教室中を歩き回り、受講者の学生たちに質問をしながら講義を進めていくのである。

しかしこれは、「言うは易く行うは難し」で、正直のところそう簡単にできるものではない。

まず、話すべき内容がかなり頭に入っていないとできないし（マイクを2本持っていくので、できれば教科書は持たず、教卓に置いておきたい）、学生の想定外の解答にもすべて対応できなければいけない。どんな答えが出てきても、うろたえてはいけないのである。また実は細かいいくつものテクニックやノウハウがある（まずマイクを渡した学生に、教科書を読ませて、そこから質問するのも手である。また、1コマの授業でずっとやる必要はない。やりすぎると大体講義の進度が遅れる。教壇で講義していて、学生の集中力が切れかかったと見えたら、そのタイミングで降りて行けばよいのである）。さらには、第2章に書いたように、体力の問題もかかわってくる（若いうちは体力があっても講義の経験と技術が乏しい。一方経験と技術が備わったころには、90分間あるいは100分間、歩きかつ走り回る体力がなくなってくる）。

ただ、これをしっかりやれば、400人、500人という規模の受講生がいる大教室でも、私語ひとつない授業が当然に展開できることは実証できている。つまり、最後列の席にいても、集中力を欠いて私語をしていると私がマイクを持って飛んできて、発言を求めるので、学生は全員気が抜けない。この一点だけでも、教育生産性が非常に高くなることは明瞭であろう。そして、学生にとっては、そもそも「後ろの方に座る」意味がなくなるので、毎年結果的に席は最前列から埋まるようになるのである。

前任の慶應義塾大学では460人収容の大教室が満員になったこともあるこの授業形態を、その後は武蔵野大学法学部法律学科2年生配当の債権各論・債権総論などで実施し、他の教員にもそのノウハウを伝授してきた。

大教室双方向授業のノウハウの追加――現代の注意事項

これから私の後を引き継いで大教室双方向授業を実践してくださる先生方に、第2章で書きれなかったノウハウを少し加えておきたい。私が大教室双方向授業を確立した2010年前後と現在では、状況の異なるところがある。それがハラスメントの話である。私がこういう授業を始めたころは、教員が大教室の教壇から降りてきて話を続けること自体が学生には驚きで迎えられたし、前任の慶應義塾大学はとくに教員と学生の距離が近い大学だったから、私は、マイクを向けた学生がはっきりした答えができないときに、「今日は君とじっくり話そう」と言って、隣の席に座ったりしたことがある。このパフォーマンスも当時は大変受けたのだが、今は気を付けたほうがいい。ことに、異性の学生の隣に座り込むのは、セクハラと言われかねない。また、マイクを向けた学生の答えが芳しくなくても、詰問口調になったりしたらいけない。アカハラと言われかねない。私は、自分のゼミでは、教室は恥をかくところというより、人は間違えて学ぶのだから、間違えたことは恥でもなんでもない、と教えているのだが、初対面の学生の場合、満座の中で恥をかかされた、と思う学生がいるかもしれない。大教室双方向授業は、あくまでも出席者全員の授業への集中力を高めるために行うものであるから、教員としては、自らの「好感度」を高めるようにも努力しなければならないのである。余談ながら、僕は研究者なのでそんなことまで考えたくありません、という人がいたら、それは正直大学教員として失格と私は思う。大学教員は、研究者であり教育者でなければいけない仕事なのである。

大教室双方向授業の創案まで

この、いささか自慢の授業が、新型コロナによってできなくなったわけである。さあ私はどうしたか、というのが以下の報告ということになるのだが、その前に、少し「歴史」の話を書き足しておきたい。そもそも私がこの大教室双方向授業を考案したきっかけは、先にも触れた慶應義塾大学の、460人収容教室で毎年授業をしていたときに、後ろの方で私語が聞こえたりいわゆる内職をしている学生がいて、何とかしてこの大教室で全員が集中して授業を聴く体制が作れないか、ということだった。つまり大教室における教育生産性の向上である。

思い返してみれば、専任講師や助教授（今でいう准教授）の頃は、教壇から私語をしている学生をマイクで注意し、それでもやめない学生をスロープ教室の一番後ろまで走っていって注意したこともある。文字通り、若気の至りだった。

大量履修者を期末試験まで引っ張る工夫

実は私の教えていた債権総論は、民法の中でも企業法務や金融法務の世界では最重要の分野であるが、当時の慶應では、系列型選択必修カリキュラムとして、民法系列は５部構成のうち３部を取ればよいことになっていた。するとほとんどの学生が、１、２年生の総則、物権、債権各論の３科目でその卒業要件を満たすので、履修登録をしても、必要のない授業やつまらない授業ならば試験を受けない、という学生が多かったのである。なんとかこの学生たち全員を学期の最後まで引っ張って行き、期末試験まで受けさせる方策はないものか、と私は思案した。

それで、たとえば最盛期の２０１１（平成23）年度はどうだったか。今でも記念に全答案を取っておいているのだが、この年の前期民法債権総論Ⅰの履修登録者は６１０名、そして３教室に分けて実施した7月12日の期末試験の受験者すなわち答案提出者（私の試験は毎年途中退出は一人もいない）は、なんと５９１名、欠席はわずか19名、受験率96・８％であった。

こう書くと、よほど甘い「楽勝科目」だったのではないかと思われるかもしれないが、実は、問題数が多く、必死に書いて書き終わるかどうかという分量設定をしてあるので、途中退出者は毎年ゼロなのである。出たくても書き終わらないので出られない。しかも頑張って最後まで書いていればなんとか合格点が取れる、というレベルに問題の難易度設定がしてある、というものだったのである。

当時の大学の期末試験は、法学部でも経済学部でも、「○○について述べよ」式の出題が多く、山が当たって書き終わると試験終了時間の前にどんどん教室を出て行く、という学生たちがかなりいた。しかし私の出題は、前半の50点分が、記述されている文章の正誤を述べその理由を書く問題（1問10点で5問、理由が書いていなければ正誤があっていても1点ももらえない）、後半の50点分がいわゆる記述式の事例問題、となっている。

当時の慶應の期末試験は、試験監督に他学部の教員や大学院生を動員したりして行われていたのだが、右記の２０１１年の期末試験でも、そういう毎年の実績？を知らない他学部の若い先生方に、「一人も途中で出て行きませんでした」と目を丸くして報告されたのを覚えている。

「取り捨て」をさせない「企業努力」

さらにこの債権総論は、当時の履修方法が系列制を取っていて、民法系列5科目の内、民法総則は必修で、後は4科目のうち確か2科目取れれば卒業できるという制度だったから、この債権総論は３年生と４年生の配当だったが、当時は履修登録をしながら受験せずに単位を放棄しても成績（今でいうＧＰＡ）や卒業には影響しない仕組みになっていた。そのため、４年生などの受験率はかなり低くなるのが通例なので、試験前に６１０名分の問題用紙と答案用紙を用意した教務課の担当者は、おそらく受験者は４００から４５０がいいところでしょうなどと言っていたが、５９１枚の答案をめくって数えながら、先生、何ですかこの数は、と文字通り目を丸くしていた。

ただその数字を打ち出すにはそれなりの「企業努力」があったのである。それは50点分の事例問題の「事例」についてであった。

期末試験問題の「名作シリーズ」

それは、当時の学生諸君が「名作（迷作かもしれないが）シリーズ」と呼んでくれていた、小説仕立ての事例問題文にあった。右の２０１１年の試験での事例問題は、法学部生たちの自主ゼミの様子を会話で書いて、そこから設問を導き出す、私としてはごく普通の、面白くもない問題文だったのだが、その前には、夫がクリスマスの前の晩に失踪してしまう話（妻が知人に相談をもちかけて、「ケーキを一緒に食べるはずだったのに」で問題文が終わる）とか、父親の事業がうまくいかなくなった女子学生の、ボーイフレンドとの会話（「でも○○ちゃん、そうなったら私たちももうだめになるのかな」という最後の一言が印象に残ったという受験者の感想があった）、さらには、私が懇意にしていた、三田のラーメン店『ラーメン二郎』の創業者の二郎さんが登場して私に学生経由で従業員についての相談をもちかけ、「ラーメン屋やってりゃいいのによ」で終わる話などが、保証、詐害行為取消権、債権譲渡などの試験問題文として登場するのである。「今年はどんな問題文かを楽しみに受けました」という学生たちもいたので、ある程度作戦成功と言っていいのだろうと思う。

もっとも、たかが毎年２回の期末試験（当時は前後期制）である。そんな問題文に凝っているひまがあれば論文でも書けばいいという話なのだが、私としては、とにかく手を変え品を変えて民法の勉強をさせること、そして期末試験まで受けさせること、を第一義に考えていたし、問題文に凝るのは私の趣味というか、楽しい遊びでもあったのである。

10年分の過去問をやると得をする

期末試験までしっかり受けさせるためのノウハウはまだある。この機会に全部書いてしまおう。当時の慶應の学生さんたちは、景気のいい時代であったので、コピー代に糸目を付けず、過去問を大量にコピーして試験勉強をする風潮があった。それなら彼らのそういう行動を逆手に取ろう、と考えたのが、毎年の試験に必ず過去問（正誤の理由を書く問題）から100点満点の10点か20点分を出題する、というやり方である。

これがのちに私が発表する「行動立法学」の考え方の実践なのである。10年分の過去問のコピーを集めて勉強すれば、かなりの勉強量になる。まずは「勉強をさせる」ことはそれでかなり達成できる。そしてその過去問勉強をすることで「利益がある」というのが、行動立法学的には大事なのである。学生諸君は、得をすると思えば、一所懸命に過去問を勉強するし、その過去問そのままというボーナスポイントが取れれば、少なくとも（評点は低くても）単位取得には近づける。さらに言えば、それさえもできていないのなら不合格点も仕方がないだろう、ということになり、事例問題のほうのレベルを心置きなく上げることもできるし、採点へのクレームや陳情?もシャットアウトできる、ということになるのである。

私語がなくなる、劇場型授業へ

ただ、これではいわば「期末試験で釣る」授業である。そうではなくて、授業自体を面白くすることはできないのか。そちらが本筋であろう。そもそも、大教室の教壇の上で偉そうにしゃべっていて、私語をする学生をマイクで注意する、というやり方が「上から目線」ではないのか。もっと学生とフラットに話すのが、塾祖福澤先生の教えではないか。それに、若いころから陸上競技の短距離には自信があった私だが、還暦が近づく頃になると、学生を追いかけても逃げ切られてしまう（これはただのジョークではなく、教授になりたての頃は本当に学生を廊下まで追いかけたことがある）。

だったら、最初からワイヤレスマイクを２本持って教壇を降りて、大教室の学生の中に入っていって、彼らにインタビューしながら授業をすればいいではないか。私語をしている学生には、「何か質問したいことがある？」と聞けばいい。

これが、授業イノベーションへの発想の転換だった。大教室双方向授業の始まりである。詳細は、本書第2章の「大教室双方向授業」を参照していただきたいが、そこにも書いたエピソードで、「後ろの方に座っている学生の何人かに聞いて、今一ついい答えが出ないときは、最前列まで戻って、顔見知りの勉強家の学生や私のゼミの学生を当てて望ましい答えを引き出すのだが、場合によるとそこでも外す（見当違いの答えを言う）学生が出てくる。これが非常に受けるのである」というものがあった。つまり、４００人以上の学生が、何人かに私が同じ質問を繰り返しているうちに、私が望んでいる答えが何かが皆わかってくる。私がやろうとしていること、最後に聞かれた学生が答えるべきことをわかっているところで、最後の学生が間違

慶應義塾大学での大教室双方向授業

えるから爆笑になる。その時には、教室の全員の学生の注意が授業に集中しているのである。

そういう経験をした聴き手の学生たちは、面白がって次の週も休まずに授業に出てくる。こうして私の授業は、学年の初めには４６０人教室で立ち見が出るほどの人気授業になった。そしてこれが、私が武蔵野大学でキャッチコピーとして掲げた「楽しく学んで人生を変える」の原点になったのである。実はあのとき間違えてくれたゼミ生のK君は、今は将来を嘱望される優秀な裁判官になっている。ひょっとしてわざと間違えてくれたのかもしれないが、とにかく彼には今でも大変感謝をしている次第である。

3　新型コロナ禍の中での遠隔大教室双方向授業

新型コロナ禍と「ロックダウン世代」

「世界の大学「封鎖」解けず」「秋も遠隔中心」「質低下に懸念」――これは、２０２０年８

月27日付日本経済新聞の一面トップ記事の見出しである。
２０２０年の初めころから蔓延が始まった新型コロナウイルス感染症は、大学教育にも大きな影響を与えた。わが国では、２０２０年度の新学年開始からほとんどすべての大学キャンパスがロックダウン状態になって、結局前期の授業はすべてオンラインやオンデマンドの遠隔形態で行われることになった。しかもウイルスの感染再拡大により、後期も大多数の大学が、実験や実習を必須とする科目などを除けば対面授業に戻れず、大教室授業は軒並み遠隔実施を継続することになった。そして、同年９月の時点で、早くも２０２１年度についても原則遠隔授業実施の方針を明らかにした大学さえある。

国際労働機関（ＩＬＯ）は、すでに２０２０年5月の報告書で、新型コロナウイルスの影響で教育や就職の機会を失ったことで将来にわたって労働市場で不利益を受ける可能性のある若い世代を、「ロックダウン世代」と表現した。これも日本経済新聞の別の記事によると、同報告書では、コロナ禍による大学閉鎖などで世界の若者のうち65パーセントは学習量が減少し、働いていた18～29歳のほぼ六人に一人が仕事を辞めたとされているという。

その数字の信頼度は措くとしても、わが国でも大学封鎖によって学習量の減少や学力の低下が懸念されていることは確かであろう。さらに言えば、日本の大学は、学問以外の課外活動等でも評価される部分があったので、コミュニケーション能力等、大学生の人格形成にも負の影響があると言われている。加えて、入学者側の期待外れという幻滅感も無視できない。ある大学の新入生対象アンケートでは、相当数の学生が退学も考えているというデータも出ている。

このような状況で、「ロックダウン世代」の学生たちにどのような教育を施し、学力の低下を防ぎ、幻滅感を少しでも取り除くことができるかということが、大学教育全体の喫緊の課題となったわけである。

中でも、法学部の専門教育においては、基本法律科目の大教室での講義が基幹の授業形態である。これをどう実施するか。本稿は、その一つの対応策実践の報告である。

Zoomによる大教室双方向授業の採用

さて、新型コロナが蔓延し、大学方針で、大教室授業をすべて遠隔で行うことになった際、いくつかの選択肢が示された。①録画のオンデマンド配信、②オンライン授業、③課題提示とレポート提出の繰り返し、等である。これに対して私は、なるべくこれまでの対面型大教室双方向授業に近いものを実施したい、と考えた。そうすると、③は「講義」ではないので対象外になるし（もちろん①②との組み合わせはありうるが）、①は、学生がどれだけしっかり見るかがわからないだけでなく、学生の「反応」がわからない。「双方向」にならないのである。したがって当然②のオンライン授業を選ぶことになった。

ただ、これまで全く経験のないことでもあるし、同僚のテストでは大人数の場合使い勝手がよくないシステムもあるということなので、私のようなシニアの教員が簡単に使え、学生も入りやすいZoomを採用した（結果的に所属する法律学科ではZoom授業が大多数になった）。幸い所属大学では今年から新入生を含め全員にPCを待たせる方針が昨年から決まっていたため、全学生に通信環境の調査をしたうえで、学年暦通りに2020年4月9日から新学年の授業を遠隔で開始したのである。

Zoomによる大教室双方向授業の実践

私の場合は、法律学科2年生の民法債権各論前半（4学期制の1学期に火曜と水曜の週2コマで実施）を約150名の学生を対象に行い、他に1年生約190名の法学1の授業も共同担当した。いずれもZoom授業である。

Zoom授業自体のノウハウについては、私より詳しい先生方がいくらでもおられるであろうから、ここではいかに「大教室双方向」の実質を確保したかを書いておきたい。

まず、Zoomの場合は、参加者にビデオ（顔を見せるかどうか）とミュート（声を聞かせるかどうか）の選択があり、これを講義するホスト側がコントロールできる。当然顔を見ながらのほうが反応がわかるので、3、4年生のゼミは顔出しで行ったのだが、大教室授業はあえて顔出しなしで行った。これは、顔出しにすると、発言している学生の画面をスマホで撮ってSNSに流すなどといういたずらがあるといけないという若手教員の助言を入れたのと、通常の大教室では、答えに詰まったり的外れな答えをしても、その学生の顔を全員の学生が見えるわけではないのに対し、Zoomで顔出しでやった場合には、全学生にその学生の顔や表情がはっきり見えてしまうからである。そこは避けるべきと考えた（気心の知れたゼミ仲間の場合はもちろんそのような配慮は要らない）。それで、画面は私の顔が見えているだけで、受講学生は各人の姓名だけ見えるようにした（ただし、名前を呼んで当てていくので、表示は本名指定にした）。

そして、例年と同じ教科書を指定して、その他のパワーポイント資料などは画面共有で見せることにした。

こういう前提で授業をスタートさせ、毎年の大教室と同じように、一人ずつアットランダムに当てて、ミュートを解除して、教科書を読ませてそこに書いてあることの意味を問うたり、条文の置かれている意味を聞いたりしていったわけである。

なお、Zoomにはもう一つチャットという機能があり、画面で文字での対話もできる。これを活用する教員も多いのだが、私はチャットは封印した。というのは、口頭で講義し質問・回答をしているときに画面で文字で話せるというのは、便利なようで、やはり教員側も学生側も注意が分散する。考えてみれば大教室で私語があるのと変わらないと判断したわけである。このあたりは意見が分かれるところであろうが、私はあくまでもこれまでの対面の大教室双方向授業の再現にこだわったとご理解いただきたい。

その他ゼミの方では、途中で学生をいくつかのグループに分けて討論させたりするZoomの機能は有益に使ったのだが、同様の理由で、そういうものも大教室講義では用いなかった。

Zoom による大教室双方向授業の効果検証（最初の1学期）

さて、肝心なのは、その結果教育生産性はどうなったか、の検証である。あらかじめ申し上げておこう。上記の条件を所与としただけでは、教育効果の高低はまだ決まらない。やはり教育は細部に宿るのである。以下は、最初の1学期だけのデータで書いたものである。最初の1学期では到底不十分なのではあるが、とりあえずお読みいただきたい。

まず、顔も見えない、学生の名前ばかりが並ぶ画面で講義をするのでは教育効果は上がらない、と思われるだろう。確かに、ただの講義では間違いなくそうなる。けれども、私の大教室双方向授業の場合は、実は逆だった。これはどういうことかというと、（債権各論を受けた2年生は1年時に法学で私共の大教室双方向授業を経験していたので比較ができたのだが）たとえば実際の大教室では私語をしていると私が見つけて飛んで行く。そうすると、教室内ではどの辺の誰が当てられそうかがわかる（見える）のである。けれどZoomの場合は、いつ誰が当てられるかわからない。後日の学生のアンケートでは、かえってZoomのほうが気が抜けず、集中していましたとか、全員が一番前の席にいる感じでした、という声があった。

ただこれは、真面目な学生の場合である。画面で顔出しなしなのだから、こちらからは学生が何をしているかわからない。そこで不真面目な学生は、授業に入ってから、机を離れて遊んでいるかもしれないのである。ここからが細部のノウハウである。画面で指名してこちらからミュート解除をしても、一向に返事のない学生がいる。その場合は、ただスルーしてはいけない。その場でその学生の名前を再度呼んで、ウェブ環境が悪いのだったら、学習支援システムの質問欄（所属大学にはそういう便利なものがすでにできていた）で報告してほしい、と呼びかけておく。そして、その報告のあるなしにかかわらず、次の授業で再度その学生を当てるのである。応答があれば、「やあ、前回は話せなくて残念だったね」という会話から質問に入ればよい。もし再度応答なしだったら、その場で、全員に聞こえる形で、「○○君はパソコンの前にいるのかな。前回も応答なしで学習支援システムの回答もなかったから、今日は欠席扱いにするよ。○○君の友達がいたら、そう連絡しておいてくれるかな」と告げる。これを一、二回やると、さぼりの学生はほとんどいなくなるのである。だから、講義内容を話すことに精一杯では、やはり学生に甘く見られ、同じ状況で授業をしても効果は上がらない可能性があるわけである。

さらにわかったことは、遠隔授業のほうが大教室双方向授業の進度が早くなるということである。これも気が付けば当然のことで、Zoomならば私が教室内を移動する時間がなくなるのである。教室が広くなればなるほど、マイクを持って教壇から往復したりする時間がかかる。お蔭で足腰は鍛えられていたのだが、その無駄な移動時間がなくなったというわけである。

人はコロナ禍でも結構頑張れる。検証にはもう一、二学期が必要だが、「ロックダウン世代」の学力が落ちるわけではない、と言えるかもしれない。

新たな課題――教科書と試験

ただ、この授業の効率確保にはもう二つ、前提と仕上げの問題がある。まず前提の方は、自習可能なテキストの存在である。ただの入門書ではなく、学生が自分で学習を進めるうえでのノウハウやキーポイントを示しているテキストが望ましい。そして、通学時間が不要になった学生たちに、予習部分と時間を指示して学習させるのである。幸い私の授業に関しては、前掲の『スタートライン債権法』が独習者も意識して学習アドバイスや各種コラムも入れ込んで書いてあったので、ある程度はコロナの渦中でも対応できたのではないかと思っているのだが。

仕上げの方は、もちろん期末試験である。これも、対面授業のときとなるべく同様にしたいのだが、完全に異なるのは、学生は何を見ても良いとせざるを得ないことである。しかしここにもノウハウはある。たとえば授業の中でテキストを補充する話やテキストにない設例を解説して、それをノートに取らせる。その中から一定の割合で出題するのである。そして、携帯で解答を聞いたりする不正行為の防止策としては、そういう友人に協力していると自分の答案が書き終わらなくなるよと言って、実際に時間ぎりぎりまでかかる問題量を用意するのである。

私の場合は、大学のレポート提出システムを使って、試験開始時間の一、二分前に問題を送信し、終了後10分以内で提出させた（通信リスクを考慮して幅を持たせたが、各人の提出時間は教員側がその場でチェックできるシステムになっていた）。採点結果はやはり上位層が多い結果になったが、その評価バランスは調整可能なレベルであった（もっとも、この試験方法の場合は、万一当日に出題側の通信障害があってもいいように、別のレポート課題を用意するなどの配慮も必要である）。

あとは、彼らが本当にどのくらい力を付けられたのかの検証であるが、資格試験や法科大学院入試の合格実績で検証するには、もう2年くらいかかるわけである。

効果検証にかかる時間

ただ、以上は、1年目に大教室双方向授業を経験した2年生の反応であり、入学したのにキャンパスに入れず、友達もできない1年生の幻滅感は、簡単には拭えそうもない。この点で、多くの大学が２０２０年度後期から一部対面授業を模索している。しかしこれも相当難しい。大教室で密を避ければ、教室が足りなくなる。ゼミだけは対面で、とやると、登校日には大教室講義を入れられず、大幅な時間割変更が必要になる。ＰＣ持参で空き教室で講義を受けさせると言っても、双方向なら学生が発言するので、ヘッドセットなしではＰＣがハウリングを起こすし、ただ視聴するだけの授業では効果が薄いのは実証済みである……。

いずれにしても、今回の新型コロナ禍は、大学教育に根本的な変革を求める部分があるのは確かである。本稿は、前述のＩＬＯ報告書を覆すささやかな抵抗になりうるかというレベルの話に過ぎないのかもしれない。けれども、もちろん早期のコロナ禍終息がベストなのだが、我々は、ここで無理に学生を大学に来させる算段をするよりも、この遠隔という制約の中で、対面時よりも教育生産性の高い授業の実施を模索することが重要だと思うのである。多くの先生方の実践例を集めて、研究を深めるべきである。今こそ、大学法学教育のイノベーションの好機なのである。

その後の展開

以上が、２０２０年の第1学期（武蔵野大学は4学期制なので第1学期は6月の中旬まで）を終えて書いたもので、同年の「書斎の窓」11月号に発表したものである。「今こそ、大学法学教育のイノベーションの好機なのである」と結んだ。当時は精一杯頑張ったつもりであったのだが、同年の後期くらいまではよかったのだが、２０２１年の前期は、明らかに思ったような効果が上がらなくなった。その原因は、（簡単に人のせいにしてはいけないのだが）端的に言って、学生諸君の慣れである。不幸なことに1年目を遠隔授業で過ごして2年生になった諸君は、明らかに前年の諸君よりも緊張感を欠いていた。たとえば、1年目には、教科書と六法を開いて、ノートを取りながら講義を聴くようにと指示して、2年目もそれは全く同じように指示したのだが、同様にアットランダムに当てても、返事がなかったり、返事までにいくらかのタイムラグがある。ではテキストの○○頁から読んでくださいといっても、読み始めるまでに時間がかかる。六法の第○○条を読み上げてと言っても同様である。つまり、教科書や六法を開かずにZoomをつないでいるらしい学生諸君が増えたのである。

それはある意味仕方のないことだった。対面授業と同様な緊張感を持ち続けなさいというのはやはり無理な話である。こちらも、対面授業で観察できることと比べると、指導のために得られるデータ量が少ないのは歴然としている。日頃から、「教育は観察だ」と言ってきた私にとっても、この負担は決定的だった。

そして、コロナ明けになって、武蔵野・法の苦境というか伸び悩みは、歴然としてくるのである。

4　アフターコロナの大教室双方向授業

「新型コロナ後遺症」

ほぼ3年にわたった新型コロナウイルスの蔓延は、大学教育にも大きな影響を与えた。コロナ禍が終わってみれば、ことに大教室双方向授業を大きな特徴にしてきた武蔵野大学法学部法律学科の教育は、実は他大学以上の被害を被っていたことが徐々に明らかになってきたのである。

２０２０年の春先から蔓延した新型コロナウイルスのため、２０２０年度、２０２１年度はほとんどの大学がオンラインやオンデマンドの授業を中心として実施した。２０２２年度になって、マスクをしての対面授業を徐々に復活させたのだが、実は大教室双方向授業は、すぐには復活できなかった。重大な「後遺症」が残ったのである。

　つまり、コロナ後の対面授業の復活は、いわゆる「ソーシャルディスタンス」を取っての復活だった。武蔵野大学でも、受講者数を本来の教室定員の半分までにして授業を行った。１００人が受講する教室は定員２００人以上の教室を割り当てるという具合である。そして、教室では、他の学生と適切な距離を置いて座らせる。したがって、あの「席は前から座る」という指導はできない。すなわち、武蔵野・法の誇るべき「伝統」は、意識的に消滅を余儀なくされたのである。

　さらに、対面授業が復活しても、以前のような大教室双方向授業は復活できなかった。つまり、マスクをしていても教員が学生の席の中にどんどん入っていくことははばかられる。同様に、マイクを学生に持たせて話させることも適切ではない。何人かの前の方に着席した学生に、アルコール消毒の手拭きが入った包みと一緒にマイクを渡すのが精いっぱいというのが、２０２２年度の状況だった。

　そして、一番後ろの方に座る学生に、前の方に座りなさい、も言えない。アットランダムに当てて答えさせることもできない。こうして、開設から5、6年がかりで作り上げた、武蔵野・法の教室の緊張感と教育生産性の高さを、我々は意識的に放棄せざるをえなかったのである。

新入生にも「後遺症」

そしてさらに明らかになってきたことは、これは武蔵野大学に限ったことではなく、全国の大学生に共通したことだと思われる、新入生の「コロナ後遺症」が明らかになってくる。つまり、2021年、2022年の大学入学者は、多かれ少なかれ、高校時代にコロナのために遠隔授業を受けてきた人たちである。気の毒なことなのだが、観察していると、明らかにコロナ前の入学者よりも、ノートが取れない、友達が作れない、という弊害が見えてきたのである。おそらくこれは、高校の授業も遠隔になって、PCでパワーポイントの画面を見たり、データファイルを読んで勉強したりということが増えたためではなかろうか。ただ、ことに法律学の場合、ノートが取れない、友達が作れない、というのは、法律学学習にとって致命的なのである。ノートにただ事実を書き写す訓練も必要だが、ノートに論理をまとめる作業が法律学には必須なのである。さらに私は、「法律は一人で勉強してはいけない、必ず友達と議論しながら勉強しなさい」と教えてきた。友達の自分と違う価値観を知ったり、友達を納得させる論理を考えたり、というのが法律学には必須の訓練なのである。せっかく新しい「伝統」にまでなりかかった、あの4期生のE君らが育ってくれた武蔵野・法の新世代法学の教育は、新型コロナのために、無残にもほとんど崩壊したと言わざるを得ない。ここから、もう一回、立ち直らなければならないことになったのである。

ワンス・アゲイン

ようやく、2023年度からは、従前の大教室双方向授業ができる状況が戻ってきた。本章の冒頭の方に書いた、席を前から座らせるための手順などを、ゼロからやり直す日々が始まっている。「席は前から座る」という「伝統」が復活するのが、武蔵野・法の大教室双方向授業の再浸透の目安になると私は思っている。

第8章　ピンチをチャンスに――4学期制の採用と学外学修

1　晴天の霹靂

4学期制採用の理由――長期学外学修プログラムの開始

本書第3章の冒頭に、「2014年の夏、武蔵野大学は、翌年から全学を挙げて完全4学期制を実施する方針を打ち出した。その大きな狙いとしては、教育のグローバル化や学外研修の強化がある。第2学期に必修科目を極力入れないようにして、学生の6月中旬から9月中旬までの3か月の留学や長期インターンシップなどを推奨しようというのである。しかし、法学部カリキュラム作成の責任者だった私は、これに非常に困惑した。」と書いた。

その4学期制採用という青天の霹靂に対処するために、私が民事基本法先行集中学習カリキュラムを編み出したという話なのだが、実はこの4学期制の採用というのは、武蔵野大学が、2015年度から5カ年にわたる文部科学省「大学教育再生加速プログラム（AP）」のテーマⅣ「長期学外学修プログラム（ギャップイヤー）」に採択されたための取り組みだったのである。

私はまさに２０１５年４月から法学部長として、さらに２０１７年からの３年間は、副学長（上記プログラム実施責任者）兼法学部長として、この「長期学外学修プログラム（ギャップイヤー）」に取り組まなければならなかった。

２０１４年前半の採用公表ということであるから、私はこの文部科学省の「大学教育再生加速プログラム（ＡＰ）」へのアプライについては、まったく関与していないし、採択の経緯についても、「長期学外学修プログラム」の開始についても、何も聞かされていなかった。しかし、今だから書けるのだが、これを知ったときは、大変な補助金をもらってしまったのではないか、そして、とんでもないプログラムを始めてしまったのでは、という思いだったのである。

ギャップイヤーとは

というのは、このギャップイヤーというのは、記憶ではある国立大学の総長が力説していたものなのであるが、欧米に合わせて秋入学として、そうすると高校までが3月卒業であれば、卒業式から半年が空くので、そのギャップをどう活用するかという話なのである。私は、そもそも日本では全面的な秋入学のシステムはすぐには導入不可能と思っていた。もちろん、すでにいくつかの大学で秋入学の制度を開始してはいたが、それはいわゆる帰国子女対応の入試制度などであって、日本社会全体が5年や10年で9月入学に動くことは到底想定できなかったのである。

それが、赴任して当時の副学長（プログラム実施責任者）の方から受けた説明では、そのギャップイヤーを前提に、全学で4学期制にして、しかも6月からの第2学期には必修科目を入れず、6月から夏休みを含めた9月半ばまでの時期に留学や長期の学外学修をさせる。さらに、この「フィールド・スタディーズ」（以下FSと表記）と名付けたプログラムを全学で遂行するために、6月あるいは夏休みの学外学修を、一部の学部を除いたほとんど全学部の1年生（ないし2年生）に必修にするというのである。

正直、とんでもない話だと思った。もちろん、後で述べるように、学外学修には大きな意味があることは否定しない。しかし、全学でこのプランを実施するには物理的に人手が足りないし、何よりまずいと思ったのは、大学側・教員側に十分な準備と教育上のコンセプトがあるように見えない、ということだった。

初年度のプログラム

初年度に用意されたのは、たとえば地方の農村に行って農業体験をするとか、海外まで出かけて行って都市見学をするとか、等、とにかく一学年の全学生に学外学修をさせるというプログラムが取り揃えられた。しかし、そのプランは、中には教員ではなく職員が地方自治体とのコネクションで設定したものとか、出かけた先で学生に何をどういう目的でさせるのかが不明なものもあった。今でも記憶しているのは、このプログラムにかかわっていた一人の教員から受けた、「出かけた先で学生が何かの『気づき』を得てくれれば」という説明であった。私は、それは教育機関として無責任であると思った。必修授業で出かけさせて、何を得るかは学生任せというのは許されない、と思ったのである。また実際に、ある学生から、「先生、このフィールド・スタディーズというのは、お金のない学生は農村で勤労奉仕をして、お金のある学生は台湾で観光旅行ができる、というものなんですか」と聞かれて、答えに窮したこともある。

あるべきコンセプト

コンセプトがないように見えた、というのは、簡単な説明会だけで現地に出発して、１週間とかを現地に滞在して、帰ってくればそれでおしまいという（少なくともはたからそう見える）プログラムが目立ち、海外プログラムも行った先でのしっかりした研修はなく、いろいろ見て回るだけと思われるものもあったからである。私に言わせれば、学生がどれかのプログラムに、自分の専門などから必然性を見出して参加できるものにしなければいけないと考えた。「何かの気づきを得れば」というだけで必修科目として参加させるのはやはり大いなる間違いであろう。

そして、学外学修といっても、まずは大学での出発前の十分な準備研修を行い、出先での活動の意義を理解させる。そして帰ってきてからはたとえばその出先での経験を他の学生たちに報告するような場を設ける。そこまでやって教育として意味を持つ、というのが私の考えであった。たとえば農業体験と言っても、学生に旅費を使わせて北海道や九州、四国まで行かせる意味はどこにあるのか。また結果的に引率者は教員だけでは足りないので、かなりの職員が夏休みに動員されることになった。当時の職員の皆さんの献身には頭が下がるが、これも教育プログラムとして無理があるのは当然である。

空き家調査プログラム

そこでプログラムの3年目に、私が副学長・法学部長として当時の法律学科長と一緒に開始したのが、当時は法学部や経済学部などの1年生は武蔵野キャンパス（西東京市）に通っていたので、武蔵野市、西東京市とタイアップして始めた、法律学科生のための「空き家調査プログラム」である。これは、市から地図と自転車を貸与していただいて、手分けして市内をめぐり、空き家の状況を調査し、毎日終わりには市の会議室をお借りして日報を作成する、というものである。もちろん、プログラム開始前には、私が自ら武蔵野キャンパスの教室で空き家対策特別措置法などの授業をして、十分な問題意識を醸成する。地元自治体職員から大学職員になった方の紹介で、私自ら先方の自治体へ事前の挨拶にも伺った。また、調査の最中には市民の方々に不審がられないように、かつ夏休みの暑い時期なので、大学がロゴの入ったキャップを製作し、それを学生にかぶらせることにした。もちろん、遠方に旅行するわけではなく、キャンパス直近の自治体で行うので、学生は余分な交通費もほとんどかからない。調査期間の最後には、市役所で、職員の皆さんたちへの報告会をする。さらに、秋になったら法学の授業の教室で、他のプログラムに参加した学生諸君たちの前でクループごとに報告会を行い、それを教員と聞く側の学生たちで審査するコンテストを行った。

ここまでやって初めて、法律学科生が、空き家問題に十分な予備知識・法律知識を持って実地調査に参加し、机上の知識を経験知に変え、さらにそれを理論知に変えて自らの中に定着させる、という教育プロセスが完成するのである。

幸い、この空き家調査プログラムは法律学科生に評価の高い人気プログラムになり、また参加した学生の中から、その後法科大学院進学者や宅地建物取引士試験の合格者などが出た。正しくかつ行き届いた目標設定をして、スチューデント・オリエンテッドに企画した教育プログラムは、必ず結果につながるのである。

副学長杯FS動画コンテスト

もう一つ、エピローグを書いておきたい。それは、後掲の文科省プログラム4年目の報告書にも書いた、私が副学長として発案し実施した、「副学長杯FS動画コンテスト」のことである。2018年10月に、武蔵野キャンパスでの学園祭の中で、第1回の公開コンテストを実施し、審査員には「企業エクスターンシップ」という、これも私の発案の3年生向けの授業でご協力をいただいていた、フジテレビの関係の方々などに審査員に加わっていただいたのであるが、この第１回動画コンテストで所定の２分間の動画を大変上手にまとめた優勝学生は、卒業して広告代理店に就職した。適切な機会を与えれば、学生もそれを自己発見、自己開拓に活用してくれるのである。

２　フィールド・スタディーズのさらなる進化形を求めて

以下は、２０１９年の初めに、当時副学長の職にあった筆者が、文部科学省「大学教育再生加速プログラム（ＡＰ）」のテーマⅣ「長期学外学修プログラム（ギャップイヤー）」事業の武蔵野大学の実施責任者として、４年間のプログラム実施の報告書[1]に掲載したものである。実は私はプログラムが２年経過した２０１７年４月に副学長（私が務めた２０２０年３月末までは副学長は全学で一人、その後は４名の分業体制になっている）になって初めて、副学長がこのプログラムの実施責任者であることを知らされた。ただ企業などでは、自分が設定したプランではないものを引き継ぐことはよくあることであろう。以下の報告書は、そういう背景で私なりに努力した結果を、事務サイドの助言も入れて書いたものである。したがって、本章のここまでの記述には私見も多く含まれているが、以下が公式な報告ということになる。報告書の紙幅の関係もあり、私の元原稿からはかなり短縮されているが、ここでは、全文をそのままの形で掲載したい。

フィールド・スタディーズのさらなる進化形を求めて
――学生の学びにつながるＦＳへ、学生が自ら創るＦＳへ

副学長　池田眞朗

本学では、２０１５年度から５カ年にわたる文部科学省「大学教育再生加速プログラム（ＡＰ）」のテーマⅣ「長期学外学修プログラム（ギャップイヤー）」に採択されてその取り組みを展開し、４年が経過しました。したがって本報告書は、当然、その４年間の進歩を記し、最終年に向けての方向性を示すものにならなければなりません。

周知のように、２０１５年の段階で「ギャップイヤー」についての問題関心の中心は、９月入学の推進ということであり、「長期学外学修」は、その場合の伝統的な3月卒業4月入学との時間的ギャップを埋める活用法ということであったと思います。

そこで本学は、まず全学4学期制を採用して、6月中旬からの第2学期に必修科目を極力入

1　報告書は、「武蔵野大学【平成30年度】学外学修プログラム（武蔵野フィールド・スタディーズ）事業報告書」、実施責任者副学長としての私の報告（本文後掲）は同3頁。

れないようにし、6月から夏休み明けの9月末までを長期学外学修に当てられるようにしたのです。しかしながら、その後3年が経過して、9月入学制度は思ったようには浸透しませんでした。現実にはギャップの期間があまり生まれないという状況に直面したわけです。そこから必然的に、新しい展開が必要になりました。

そもそもギャップ期間有効活用のための長期学外学修プログラムとしてのフィールド・スタディーズ（以下FSと表記します）ならば、ある意味、その機会を与えること、つまり学外学修を経験させることで何かを気づかせるというレベルのものでもそれなりの存在意義があったと言えるでしょう。しかし、現在のFSは、それではもう不十分になりました。学外学修の経験が、その後の各人の専門で予定している学びに有機的につながる等の、具体的な利益や付加価値を産み出すものでなければならなくなったのです。

その角度から本学のプログラムをみると、薬学部を除く1年生全員必修という壮大な計画でスタートしたものでしたから、当初は、職員の力によって組まれた、自治体の受け入れ協力を得て実施した長期宿泊型プログラムもかなりありました。実際、当初の申請書では、「先方へのサポート」というものが目標の一つとして掲げられていたのです。しかしそれでは、先方の自治体で勤労奉仕などをするだけで終わるものになりかねません。

したがって、2018年度は、教員主導の、専門の学びにつながるとか、その他の付加価値を見いだせるプログラムが増加しました。FSで得られる気づきから、学びにつながり、その学びから出口につながる、というプロセスを持つものに進化してきたのです。

さらに言えば、単に一定の期間を学外で学習させるというだけでは不十分で、その学びを効率的にするための事前学修の存在・充実が必須になります。かつ、終了の際も、最終日に先方で報告会を開いて完了ではなく、学修効果波及のためには、たとえば秋の授業の中で、そのプログラムに参加しなかった学生たちに聞かせる報告会をするとか、プログラムの成果を記録して発表するイベントを行うなどの、事後学修が重要になるはずです。その意味で、２０１８年10月には、大学祭の中でＦＳ動画コンテストも開催しました。

その他、２０１８年度に提出した補助金調書では、短期のプログラムを長期のプログラムに置き換えていくなどということが書かれていたのですが、以上のような現実から、実際には、むやみに長期を増やすよりも短期の内容の充実へ、さらには長期についても、数は増加させながらも、２学期から夏休みにまたがるプランを現実的に夏休みだけのプランへ、という変更が行われてきたわけです。

ただ、進化の過程で、私共は多数の困難に突き当ったことも事実です。たとえば、第一にこれだけの規模のプログラムを実施する教職員のマンパワーの問題です。第二には、参加する学生側にも、海外プログラムに参加するための金銭的な負担や、必修であるために必ずしも当該プログラムに適応できない学生が割り当てられるケースもあるという問題も避けられません。

そのような、トラブル例の吟味と改善も怠ってはならないでしょう。

また、FSプログラムにおける官学連携の推進・強化がもう一つの課題です。これについても、2018年度を締めくくるシンポジウムでは、自治体の方々も招いて、大学教育の進化と地方の活性化につながるような検討をしました。

ただ、そこでも大事なことは、本学側の姿勢です。「先方へのサポート」という表現ではまだ不十分で、官学連携を実りのある持続的な事業とするためには、真の意味での win-win の関係をどう構築するか、という意識が必要です。

では、明確な学びにつながるプログラムを多数用意して学生諸君に充実した学外学修の機会を与えればそれでよいか、というと、それではまだ足りないのです。さらなる進化形は、学生本位のプログラム実施、つまり学生諸君自身によるプログラムの創造でしょう。そこで重要なのは、過去にプログラムに参加した、上級生の経験です。上級生のアイディアをプログラムに取り込んで、先輩が後輩を指導するのです。彼らが引率者補助の役割を果たせれば、現在の職員の負担も減らせます。また海外学修に彼らのリーダーシップ研修を組み込むことも有益でしょう。

APプログラム最終年となる2019年度は、その後の本学の教育基本方針を見据えての展開を行いたいと思います。そしてこのFSの中に、さらに何かイノベイティブな要素を大学教育に付加するという「付加価値」を探求することが大きな目的となります。

（報告書の記載文は以上）

以上が公式報告書の記載文であるが、私の元原稿の削除した部分には、以下のような記述があった。

幻のホストタウンハウス

一つは、幻の東京２０２０ホストタウンハウスについてである。

武蔵野大学は、２０２０年に予定されていた東京でのオリンピック・パラリンピック競技大会開催の際に、参加する各国に対して日本国内の多数の都市が支援をする「ホストタウン事業」の中心施設となり、本学の有明キャンパスが、メインの「ホストタウンハウス」になる予定であった。実際には東京２０２０はコロナ禍のため一年遅れの２０２１年に無観客で開催され、本学を中心とするホストタウンハウス事業は中止された。ホストタウンハウス事業責任者でもあった私は、前年２０１９年度のリハーサル事業を当時のオリンピック・パラリンピック担当大臣やフランス大使を有明にお迎えして実施したりしていたので（その他参加自治体や企業のブースも作り、各地の高校生の参加などもあった）、非常に残念な思いをしたものであるが、２０１８年度、19年度のＦＳの中には、そのホストタウン事業でも交流する都市で実施されたものも含まれていたのである。

ＦＳとアクティブ・ラーニングの関係

もう一つ、公式報告書で削除したのは、ＦＳとアクティブ・ラーニングの関係である。

このプログラムについて2015年6月に本学が文部科学省に本学が提出した調書（先に述べたように、この提出段階ではそもそも私は申請作業にかかわっていないし、作業自体を知らなかった）の冒頭には、「『全学4学期制導入』と、『アクティブ・ラーニング』の、二つのエンジンを軸に教育改革を加速させる」と書かれていた。これについても、元原稿では言及していた。武蔵野大学が必修でFSを行う意義と必然性を自分なりに考えようとしたのだが、それはあくまでも個人の見解であるし、申請時に参加していなかった者がそれを報告書で言及するのは筋違いであろう。したがって、以下はその削除部分の一部をあくまでも個人の非公式見解として紹介する。

「最後に私学の独自性ということも付け加えましょう。本学は浄土真宗本願寺派の宗門校ですが、浄土真宗の開祖となった親鸞聖人という人は、京の都を追われて、越後、そして常陸で長い年月を過ごしながら自らの教えを探求していった人です。また本学の学祖である高楠順次郎先生は、わが国を代表する国際的仏教学者で、東京帝国大学文科大学の梵語（サンスクリット語）学講座の初代教授となる前に、オックスフォード大学をはじめ、ドイツ、フランス、イタリアで計7年間学び、晩年もハワイ大学で教鞭を取っていたという人です。2000人もの学生が必修で学外学修に出かけていく、という、他の大学に例を見ないフィールド・スタディーズ・プログラムを、現代の本学が採用し、困難を乗り越えながら展開しているのも、理由のないことではないというべきでしょう。」

私は、別稿「大学のビジネス法務学」[2]で、研究者各人の物語（ナラティブ）の必要性について言及している。大学自身についても、私学の場合はとくに、その独自性を、単に標語的なもので示すのではなく、いわば生きた「DNA」を語るナラティブが必要だと思っているのである。

3　フィールド・スタディーズを超えて――FS進化論

そして、2019年度（2020年3月まで）でこのFSのプログラムは終了する。最終報告書に当たる文章は、上記の2018年度のものと重なる部分もあるので、そこを除いて一部を紹介しよう。新しい言及はアクティブ・ラーニング論と付加価値論である。

専門の学びにつながるFSへ

そこから、改善の最大のポイントとして、「専門の学びにつながるFS」にするということが導き出されたのです。つまり、「何かに気づいてくれれば」を否定して、専門の学びに役立つ「必然の気づき」を与えるのが1年次必修で行う意味と考えました。この観点から①専門を

2　池田眞朗「大学のビジネス法務学」武蔵野法学21号（2024年9月）298頁以下（横書き131頁以下）。ナラティブの記述は261頁以下（横書き168頁以下）。

意識した教員主導でのプログラム設定、②教室での事前・事後授業の充実、③学科限定型プログラムも可、とし、さらに④地域連携、官学連携も図ったわけです。その好例としては、法律学科中心の空き家調査プログラム（武蔵野市、西東京市、小金井市と連携）等が挙げられます。

さらにいえば、アクティブ・ラーニングは、決して「教室外での行動」を意味するものではありません。実際、「学生には、行動的なアクティビティーと認知的な学習要素の双方が必要」といわれます。この観点からは、教室での事前・事後授業の重要性を十分に認識して、その期間を含めたものがＦＳと考えるべきでしょう。

まず、現場に出る前の問題意識の醸成が、学生にとっての必然性の認識に、そしてやりがい、満足感につながります。また、事後のほうも、たとえば現場で自治体の方々に報告会をして終了、では不十分です。大学に戻った秋の授業の中で、そのプログラムに参加しなかった学生たちに聞かせる報告会をするとか、成果を記録して発表するイベントを行うなどの、事後学修が重要になるのです。その意味で、２０１８年10月からは、大学祭の中でＦＳ動画コンテストも開催しました。つまり、さまざまな形で、現場で得た実践知の「普及」をはかることが大切なのです。海外ＦＳも、この事前・事後授業を充実させないと「現場で見る」ことの深い意義が得られません。

さらに受け入れ自治体との関係については、受け入れ側にも相応のメリットが得られなければなりません。「先方へのサポート」という意識ではまだ不十分で、実り多い持続的な官学連携事業とするためには、真の意味での双方の win-win の関係の構築が必要です。たとえば、町おこしの実践として、本学学生がその町で起業をするとか、本学学生が自治体紹介動画を地元メディアと協力して制作する等の、一歩進んだ付加価値が追求されなければならないのです。

今後の展開――「つながるＦＳ」から「ひろがるＦＳ」へ

そして、武蔵野大学は、今後もＦＳの取り組みを続けます。すでに、①武蔵野大学ＳＤＧｓ宣言を踏まえて、「武蔵野ＳＤＧｓ認定ＦＳ」という、ＦＳプログラムの中でＳＤＧｓ適合型のものを認定するプランや、② TOKYO2020で武蔵野大学は有明キャンパスをホストタウンハウスに提供するわけですが、この機会にホストタウンハウスボランティアなどをＦＳプログラムに組み入れるプランなどが検討されています。[3]

さらに、「ひろがるＦＳ」として、ここから先のＦＳは、たとえば、これまでの教員主導のプログラムから、学生が自ら創るプログラムへと進化させることが考えられます。学生たちが課題を議論して、それを実体験し実証するプログラムを計画して実施し、さらにそれを動画等に記録してその実体験・検証結果を普及し、その上で問題解決の方策を議論し、それを自治体や社会に対して提言する――このような形態が、究極のＦＳとして想定されるのではないでし

3　このホストタウンハウスが TOKYO2020の延期で実現しなかったことは前記のとおりである。

ようか。

（中略）このように、武蔵野大学の５年間のＦＳ経験は、さらに豊かな未来につながり、ひろがるものになる、またそうしなければならない、と強く思うところです。そしてこのＦＳの中に、何かイノベイティブな要素を大学教育に付加するという「付加価値」を探求し続けていくことが、今後の大きな目標となるでしょう。

（最終報告書記載文抄録は以上）

４　アフターコロナでの再検討と長期インターンシップの将来展望

以上の報告書の記述は、当時のプログラム総括の報告としてはもちろん何ら問題はないのではあるが、正直のところ、教育イノベーションとしては私個人として物足りない。

実際、この報告書は２０１９年度の末尾に書かれたものであるが、そこからの約３年は、新型コロナウイルスの蔓延によって、学外学修プログラム自体が十分に実施できない事態となった。しかし、２０２４年現在、形態を工夫して続けているようである（本章末尾参照）。その変遷を考慮したうえで、２０２４年春の段階での知見をもとに、新たな言及を加えると、（あくまでも私見であるが）以下のような分析と提言ができるかと思われる。ポイントは、企業の長期インターンシップへの参加、海外大学での長期学外学習プログラムの発想の取入れ、である。

①　文部科学省のプログラムとその補助金が終了したのであるから、それらの羈束（趣旨の限定等）を脱して、しかしそのプログラムで得たものを十分に生かして、大学独自のプログラムを再構築すべきである。まずは、そのプログラム時代のカリキュラムを見直し、必修の要素はなくして任意のプログラムに縮小して、何らかの形で継続を図るべきであろう（私見では、必修という形の「強制」は、大学として採用すべきではない。必修にしなければ学生が参加しないというのであれば大したプログラムとは言えない。声価が高まれば義務付けをしなくても学生は参加する）。実施学年は、学生の問題意識がはっきりしてくる2年生3年生を主たる対象に変更すべきではないか。

②　上記報告書の最後に書いたように、これからは学生の問題意識を吸い上げたプログラム設定にすべきである。たとえばSDGs関連などでプログラム案を学生から募集するのもよい。その場合、「全学共通」の発想は、やめるべきである。各学部学科で、学生の学ぶべき内容は異なり、また学生の問題意識も異なる。学部ないし学科ごとのプログラム設定とし、ただ他学部他学科からの履修希望者がいれば認めるという、柔軟な扱いをするのがよい。

③　コロナ前と完全に異なるのは、企業の長期インターンシップの開設と、就職活動にインターンシップでの評価を加えてよいとする経団連等企業側の政策変更があったことである（2025年卒新卒学生から対象となる制度変更で、すでに2023年度から3年生対象の

夏のインターンシップはその形態で盛んにおこなわれている)。したがって、大学の設定する長期学外学修に限定せず、(つまりこれまでのフィールド・スタディーズの概念を超えて)学生が企業の長期インターンシップを受けやすくする環境整備をすることが重要と思われる。その際、学生が任意に選んだ企業の長期インターンシップ参加に機械的に単位を与えるのが良いかどうかは別問題で、与えるにしても大学側のそれなりの選考を要することになろう。ただそれよりも重要なのは、学生が長期インターンシップに参加しやすい条件を大学側が作ることである。つまり、留年要件の緩和であるとか、企業で長期インターンシップを受けている期間の、オンラインやオンデマンドでの単位取得を柔軟に認めるやり方の開発である。長期インターンの参加中は、学生はその企業での業務が主となるが、たとえば参加期間中の業務外の時間にオンデマンドで履修して期末試験を受けることができる、などの制度の開発である。今の時代に出席日数がなどと杓子定規なことを言っている大学には未来はない。

④

もちろん、大学が単位化を考えられるような内容のインターンシップとなると、まずは学位授与に必要なカリキュラム構成との親和性の問題がある。つまり、商学部や経営学部の場合は、企業実習が既存のカリキュラムの中でも単位化しやすいかもしれない。これに対して法学部法律学科などの場合は、教授する法律単位でカリキュラムが構成されている硬直性があり、なかなか難しいかもしれない。ただこれも、先に述べたように、

⑤　全学共通でやる必要はない（やるべきではない）のであるから、出来る学部でやればよい。さらにいえば、充実したプログラムの長期インターンシップを組めるのは、それなりの優良企業である。そうすると、学生が行きたい企業の長期インターンシップに参加できるためには、学生の実績（多くはその大学の就職実績）が必要になる。それゆえ、いくら大学側で柔軟で良い制度を作っても、送り出す学生のレベルがそこに及ばなければ実際のマッチングができず、実効性がないのである。したがって、頭で考えただけの制度作りは結局実を結ばない。一方で、地道な教育の継続、有望な学生の育成が必要なのである。

⑥　要するに、武蔵野大学が当初このＦＳプログラムで実施しようとした（ように見える）、何らかの気付きを与えるプログラムというのは、学外学修の初歩の初歩、ということになる。長期インターンシップの話は、学年で言えば２年生と３年生あたりに設定すべきものとなろうが、就職が決まった４年生に、就職とは直結させずに行かせるのも意味のないことではない。

⑦　このような長期インターンシップの世界的な先駆者は、アメリカの有力私立大、ノースイースタン大学である。日本経済新聞２０２４年６月17日の記事は、学長インタビュー[4]

4　日本経済新聞２０２４年６月17日朝刊16面「米有力大の「耐ＡＩ教育」　長期インターンに活路　ジョセフ・アウン氏　米ノースイースタン大学長」（聞き手羽鳥大介）。

を含めた詳細な紹介記事であるが、それによればノースイースタン大学は、１９０９年から「コーオプ教育」と呼ぶ、企業への長期インターン教育を実施してきた。同記事のまとめによれば、現在、同大学は米国内外１４９か国の３０００社以上に学生を送り出し、期間は一回6か月、4年間で2回参加可能、学部生の92％が一回は参加する。通常は最初に2年生の1月または7月から始める。期間中は派遣先から給与が支給される、支援スタッフが職種選びや期間中のサポートを担う、というのである。その意義について学長は「学んだ知識を実際の現場で使えるようにする『経験学習』が、教室内の指導と実社会における指導を統合する」という趣旨を述べている。世界のトップはここまでやっているのである。

⑧ さらに上を見れば、長期学外学修の到達点は、アメリカ・ミネルバ大学が実施している、4年間で世界の七つの都市のどこかに1年から6か月という長期で滞在させ、多種多様な価値観や能力を身につけさせるという教育である。これは到底日本の大学が真似できない教育手法のように見えるが、「多種多様な価値観や能力を身につけさせる」という目標は、武蔵野大学のＦＳプログラムでも共通してあったはずなのである。毎年２０００人近い新入生全員を、数年間、大変な苦労をして曲がりなりにも学外学修に送り出したというのは、日本の大学でおそらくオンリーワンの経験ではなかろうか。

⑨ そのＦＳプログラムの経験を、苦労も多かったとして捨て去るか、この大学でなお活か

したいと頑張るか。私は本当に「もったいながり屋」で、希少な経験はぜひどこかにつなげたいと思うタイプなので、（ＦＳの必修扱いには反対なのだが）後者の考えを取る。ただコンセプトの深化発展は必要であろう。たとえば全学から教員を一人選抜して、１年間ノースイースタン大学かミネルバ大学のようなところに派遣して、教授法やカリキュラム設定、遠隔授業、単位授与の方法等を学ばせる。私が仮に学長であれば、１００年の計とまではいわなくても、そんなことをして将来に備えたいと思う。オンリーワンになれるチャンスは、あるいはその種は、何より大事にしなければいけないと思うからである。

５　結びにかえて――武蔵野大学ＦＳプログラムの現状

以上の提言は、あくまでも著者の個人的な見解である。上記の記述を原稿化した後に、武蔵野大学で現在のＦＳを担当する、学外学修推進センター事務課から、資料「学外学修（フィールド・スタディーズ）実施概況２０１８―２０２４」を頂戴した（ご協力に深甚の謝意を表する）。その数字の概要は以下のようである。

２０１８年度はプログラム数93、参加学生数２００３名、２０１９年度はプログラム数79、参加学生数２１４５名で実施されていたが、２０２０年度はコロナ禍対応で全ての学外における学修を中止とし、レポートや課題、動画講義等での代替措置が取られた。しかしＦＳ自体は２０２１年度以降、オンラインプログラムの開発等、改善を続けながら存続し、２０２３年度は通常実施への調整期で、プログラム数が66、参加学生数は、学部増もあって２３５０名となった。そして２０２４年度は、ようやく通常化となり、「費用等の事情で対面実施ができないもの以外はすべて対面で実施する。教育効果が高く、学生からのニーズの大きい国内宿泊プログラムを中心に、宿泊型プログラムを多彩に展開していく」という方針で、68のプログラムに２９００名ほどの学生が参加して実施中ということである。

この間、たとえば必修要件は残しつつ以前のように1年生必須ではなく上位学年で履修してもよいなどと改善もしているようで、一時責任者としてかかわった身としては、うれしく思っている次第である。ぜひ文部科学省プログラムの枠からさらに進化させた、長期インターンシップなども含む形での展開・継続を期待したい。

第9章　高校の先生方への説明会――「奇跡の大学」と呼ばれて

２０１４年に開設した武蔵野大学法学部法律学科は、最初の３、４年で大変順調な成長を遂げることができた。ここでは、２０１８年６月と２０１９年６月に有明キャンパスで開かれた高校教員対象説明会のうち、後者で使用したパワーポイントをそのまま紹介したい。いずれも、私は副学長兼法学部長の立場でプレゼンをしている。２０１８年（平成30年度）のもののタイトルは、「Startup Concept から創る大学――法学部法律学科の取組みご紹介」というもので、２０１９年（平成31年度）のそれは、「学生の人生を変える、革新的法学部教育――実績、コンセプト、ノウハウ」と題したものだった。

「奇跡の大学」と呼ばれて

幸い、これらの説明会は好評を博したようで、武蔵野大学の入試担当者からは、コロナ明けの２０２３年、２０２４年になっても、あの説明会がよかったから、といって、個別の高校から法律学科の出張説明の依頼が続いているという報告を受けている。大変ありがたいことだが、そもそも２０１８年、２０１９年の説明会に多くの高校教員の方々に集まっていただけたのは、

２０１７年に、週刊朝日（同年12月8日号１０２頁）に掲載された「〝奇跡〟の大学」「『偏差値40台』から人生の勝ち組へ！」という記事で紹介されたことも大きかったのかもしれない。

同記事では、「若者の伸びしろは未知数である。大学での良き指導者と学生の出会いは、化学反応を起こす。偏差値評価にとらわれない学生を『勝ち組』に押し上げる〝奇跡〟の大学を紹介する」というリード文の後に、さまざまな専門分野の6、7校が紹介されるそのトップに、武蔵野・法を取り上げていただいた。２０１６年から始めた、毎週土曜日の「法曹・士業プログラム」（学生を成績と面接で選抜して無料で弁護士の方々の授業を受けられ、参考書を買うなどに使える奨学金も与えられる）とその実績を紹介していただき、その中で私の大教室双方向授業についても触れてくださった。武蔵野に関する記事の最後は、こう書かれていた。「池田副学長は、新学期の最初の授業で学生にこう呼びかける。『君たちは、高校のときの自分を、ここで変えていいんだよ』」。大変ありがたいご紹介だった。

学生の人生を変える、革新的法学部教育——実績、コンセプト、ノウハウ

以下には、２０１９年6月15日に、武蔵野大学有明キャンパス3号館の大講義室で開催された、高校教員の方々を対象とした説明会の様子をお伝えしたい。

出席された先生方には、最も伝統的と言われてきた「法学部教育」を変え、週刊誌に「奇跡の大学」として紹介された成果とそのコンセプト、カリキュラム、ノウハウをご紹介したいと

告げて、パワーポイントを使用してプレゼンテーションをした。本書でも、文字ばかりの書物ではかえって思いが伝わらないので、以下には当日使用したパワーポイント21枚をそのまま掲出することにしたい。

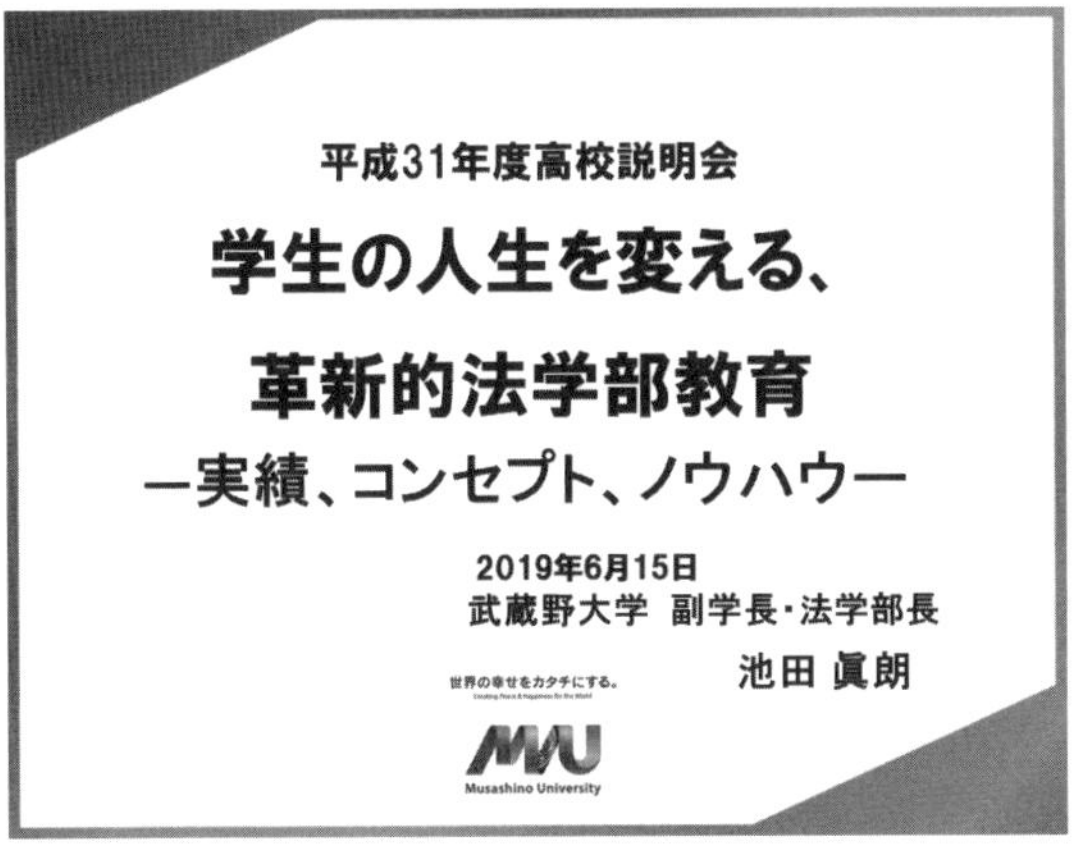

はじめに＝高校の先生方と共有したい「思い」

1、教育は実績である

能書きは立派でも実績が伴わなければだめ

2、実績を生むのは着眼（コンセプト）と勇気である

―進んで行う「実証実験」の必要性(ただし、失敗は許されない)

3、教育者に必要なのは観察力である

マスデータの分析が流行しているが、学生個人の顔が見える指導ができなければだめ

4、教育はドラマ創りである

入学から卒業まで、学生の創るドラマを見届けて、感動を共有する―それが教育の醍醐味

Ⅰ 法学部法律学科の成果（2018年＝1年目）

新設法学部法律学科1期生の成果

2014年、法学部誕生。

新設法律学科1期生が2018年3月に卒業。

①1期生有力法科大学院多数合格

慶應義塾2名、早稲田3名、中央5名、上智2名

（進学は慶應2名、早稲田1名、中央2名、上智1名）

「週刊朝日」2017年12月8日号「奇跡の大学」で紹介。

②宅地建物取引士合格者1期生で10名（上記法科大学院進学者との重複なし）

学科全体の宅建士合格は、学年進行とともに倍増

⇒2015年3名、16年7名、17年15名

Ⅰ法学部法律学科の成果（2019年＝2年目）

法学部法律学科2期生の成果（2019年3月卒業）

①2期生有力法科大学院進学実績

慶應義塾2名、中央3名

（うち慶應1名と中央1名は飛び級3年生）

②宅地建物取引士合格者2期生で12名

学科全体の宅建士合格は、着実に増加

⇒2015年3名、16年7名、17年15名、18年21名

③国家公務員総合職に1名初合格

（進路は特定職の国税専門官へ）

法律学科宅地建物取引士合格実績

- 昨年度度合格者21名うち1年生4名合格！

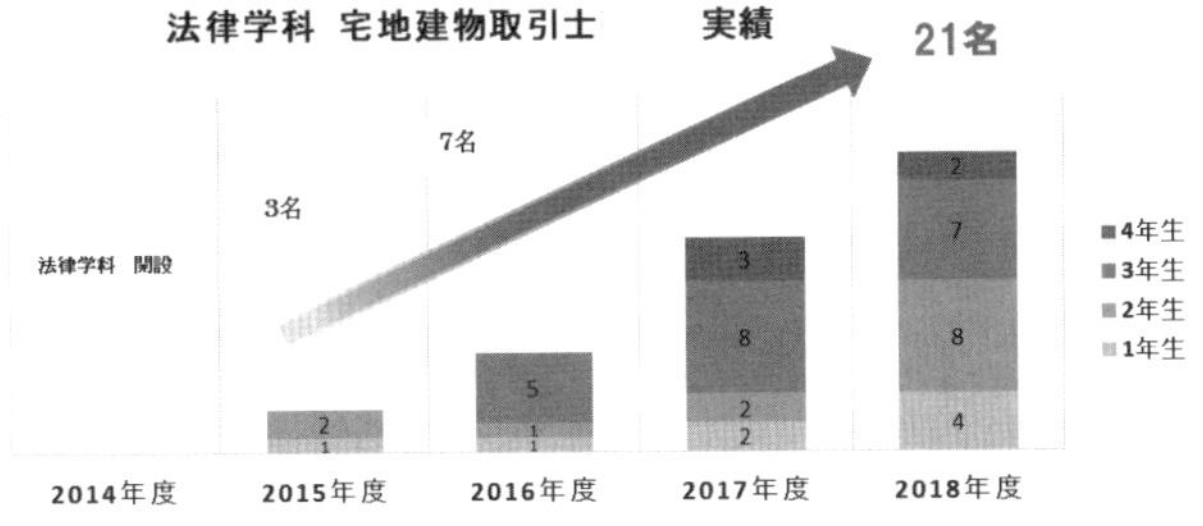

II 法律学科の実績と背景

①法律学科入学試験志願者数データ

2017年度入試　総志願者1111名

2018年度入試　総志願者2004名

2019年度入試　総志願者3190名（2年で約3倍）

（調査範囲で伸び率全国法学部中1位）

②法学部法律学科は、全国的に最も大学のヒエラルキーが固まっている伝統分野

ー新規参入の困難性を克服する必要（かつ、最初に位置付けられたらその地位から抜け出せない）。

⇒それゆえ、スタートアップのコンセプト作りから始めた

III　ではその学科コンセプトと新しい施策とは

①学科基本コンセプトの制定（『新世代法学部』）

②メインの「基本理念」と3つの「施策」

基本理念「マジョリティのための法学部教育」（ルール創り教育）←これ自体が非常に革新的かつ（旧来の法学部教育からすると）衝撃的

基本は、多数派法学部生（法曹や官僚にならない）をメインに教育ーそこからの上昇ピラミッドを想定

施策

1.カリキュラムー4学期制対応民事基本法先行集中学習カリキュラム

2.教育手法ー大教室双方向授業

3.専門化オプションー法曹士業プログラム

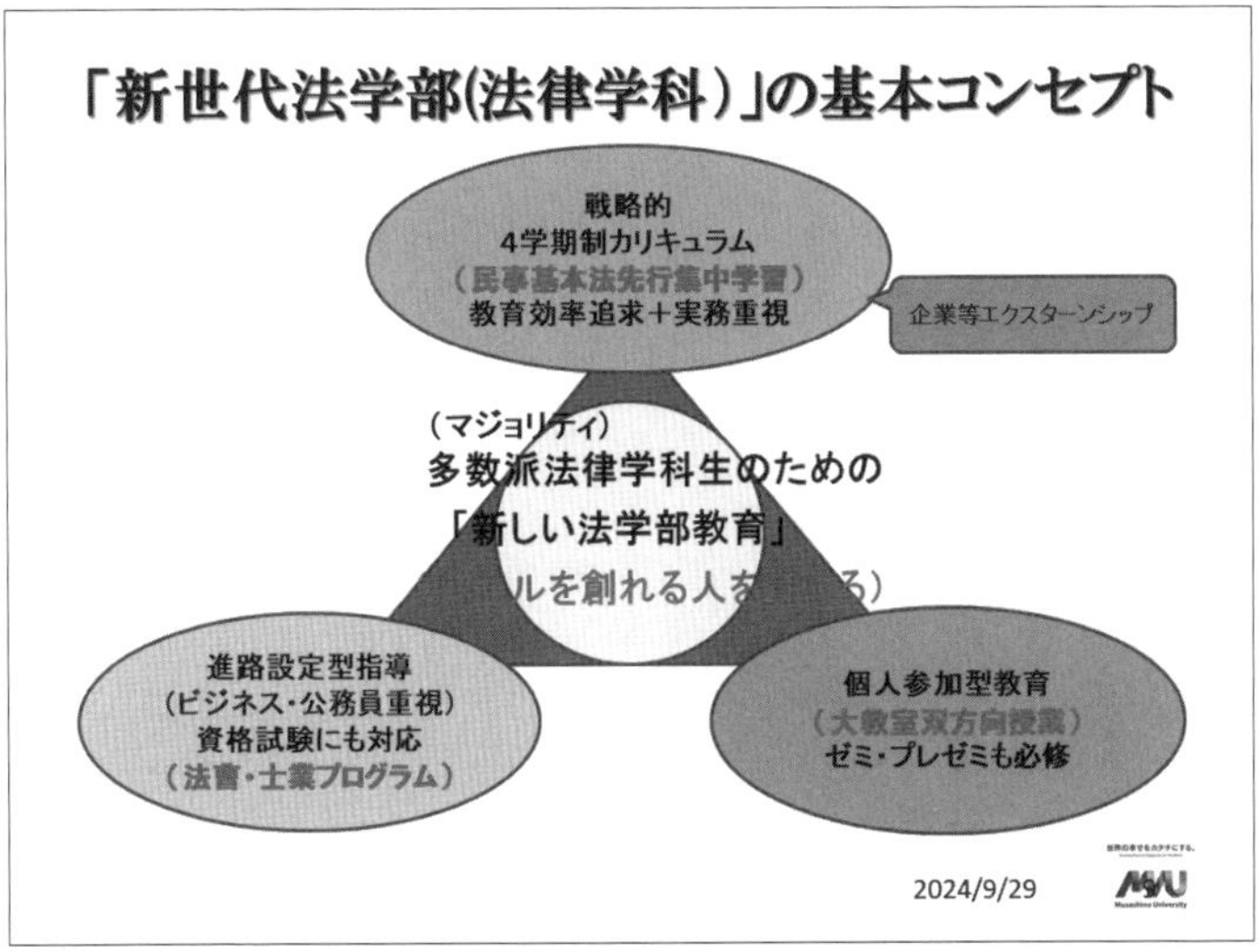

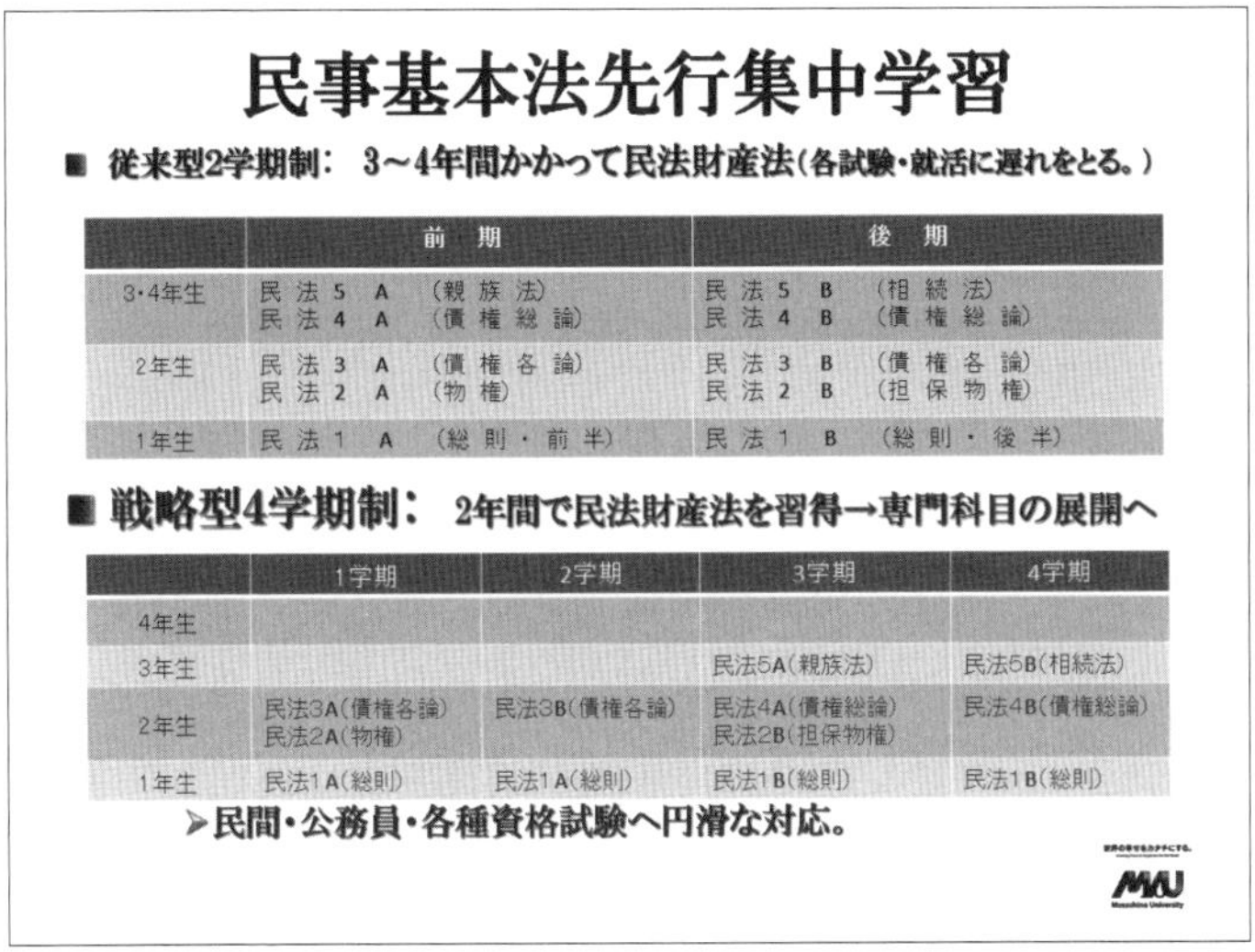

民事基本法先行集中学習

■ 従来型2学期制：　3～4年間かかって民法財産法（各試験・就活に遅れをとる。）

	前　期	後　期
3･4年生	民法５Ａ（親族法） 民法４Ａ（債権総論）	民法５Ｂ（相続法） 民法４Ｂ（債権総論）
2年生	民法３Ａ（債権各論） 民法２Ａ（物権）	民法３Ｂ（債権各論） 民法２Ｂ（担保物権）
1年生	民法１Ａ（総則・前半）	民法１Ｂ（総則・後半）

■ 戦略型4学期制：　2年間で民法財産法を習得→専門科目の展開へ

	1学期	2学期	3学期	4学期
4年生				
3年生			民法5A(親族法)	民法5B(相続法)
2年生	民法3A(債権各論) 民法2A(物権)	民法3B(債権各論)	民法4A(債権総論) 民法2B(担保物権)	民法4B(債権総論)
1年生	民法1A(総則)	民法1A(総則)	民法1B(総則)	民法1B(総則)

➢民間・公務員・各種資格試験へ円滑な対応。

大教室双方向授業

■個人参加型教育

ただ聞いて「覚える」
（消極、集中しない）
↓
発言を求められつつ
「考える」
積極、私語なし！

進路別指導—2大（3大）進路設定

「ビジネス」と「公務員」をマジョリティの進路と設定

—けれども弁護士・裁判官などの法曹や、司法書士、不動産鑑定士などの国家資格を目指す人もいる

→法曹士業プログラムの開設

2年生から始まるが、入るためには1年生の成績で選抜！⇒土曜日の弁護士の課外授業とさらに2年からは奨学金も。1年生聴講可→50名以上が聴講に

⇒3年卒業法曹進学コース構想中

宅建士とTOEICの受験推奨

法曹になるのではない人たちにも薦めたい国家資格→宅地建物取引士

→法曹士業プログラムにもコース開設

不動産業に就くのでなくても就職に有利⇒別扱いされる。

1年生から受かる可能性あり（参考テキスト無料配付！）

なお、法律学科ではTOEIC重視！

(資格を取るのだから英語はいらない、は大変な間違い)本学では6月12月半額受験補助＝法律学科生が圧倒的多数利用

宅建士とTOEICの受験推奨

本年6月23日TOEIC公開テストの学内割引申込者数

全学で845名、うち法律学科334名

内訳は1年生144名、2年生95名、

3年生90名、4年生5名

法律学科では、

TOEICデータは、入ゼミに必要、法曹士業プログラムの入室試験の合格判定に必要。さらに、進路指導データベースに入れて活用。

（ただ受けなさい、ではなくインセンティブを）

Ⅳ　本年度の新たな状況

更なる観察力、指導力の必要なステージへ

2年で3倍の志願者＝合格者のレベルアップ

⇒ランクアップで辞退（上位合格）増加

＋力のある不本意入学者の増加？

ではどうする？

⇒実はその不本意入学者をこそ求めています！

Ⅳ　本年度の新たな状況

「講義聴く揺れる視線に書いてある私はこれでいいのでしょうか」池田『キャンパスの歌』

法律学科、入試の入り口別の分析

指定校推薦→一般にやる気があって人柄もいい

センター利用型（特に中期、後期の3科目5科目型）の入学者→もっと上のレベルの大学を目指してかなわなかった不本意？入学者

⇒この人たちをこそ我々は求めています！

⇒法科大学院、国家公務員、その他資格試験に明瞭な実績

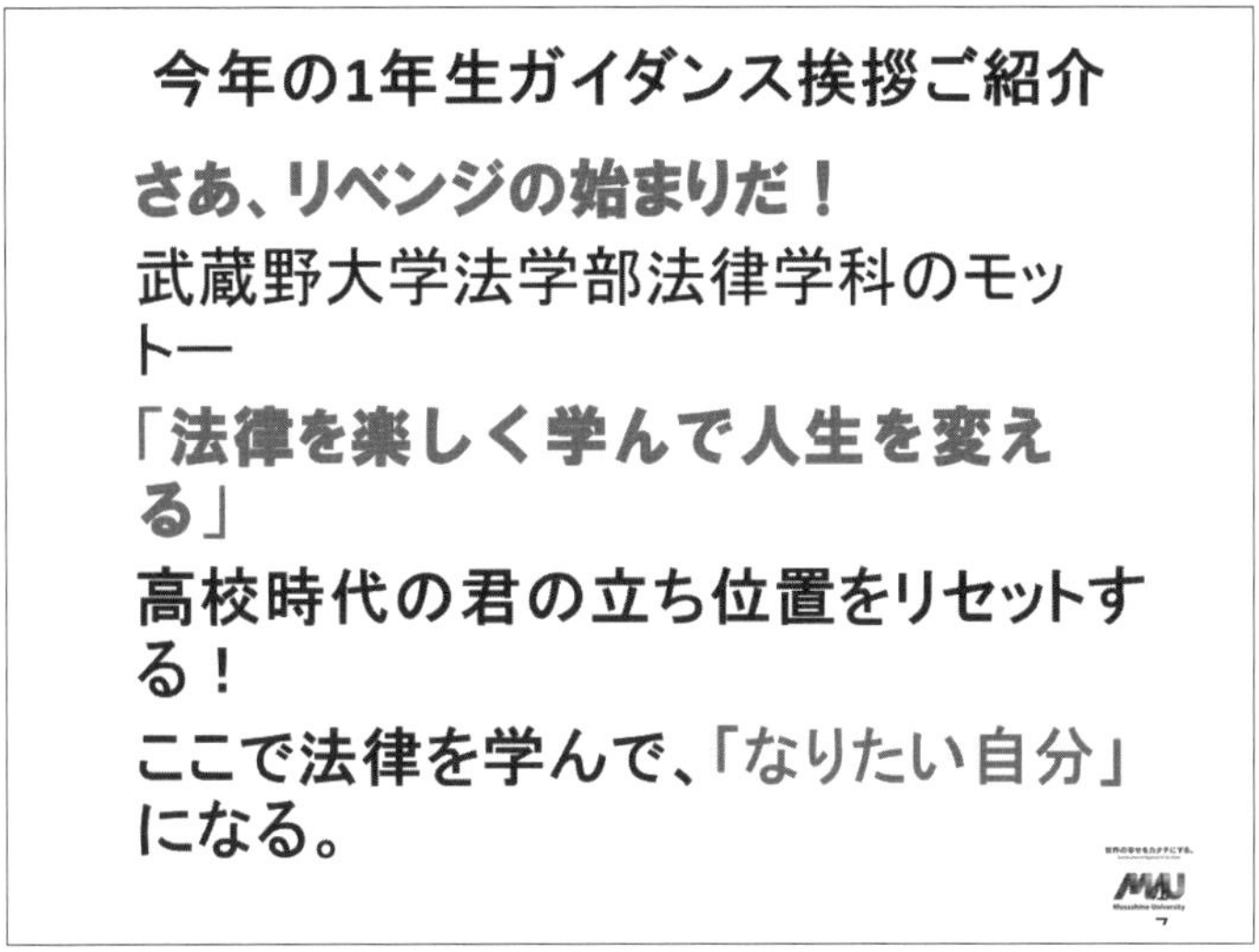
今年の1年生ガイダンス挨拶ご紹介
さあ、リベンジの始まりだ！
武蔵野大学法学部法律学科のモットー
「法律を楽しく学んで人生を変える」
高校時代の君の立ち位置をリセットする！
ここで法律を学んで、「なりたい自分」になる。
世界の幸せをカタチにする。
MU
Musashino University
7

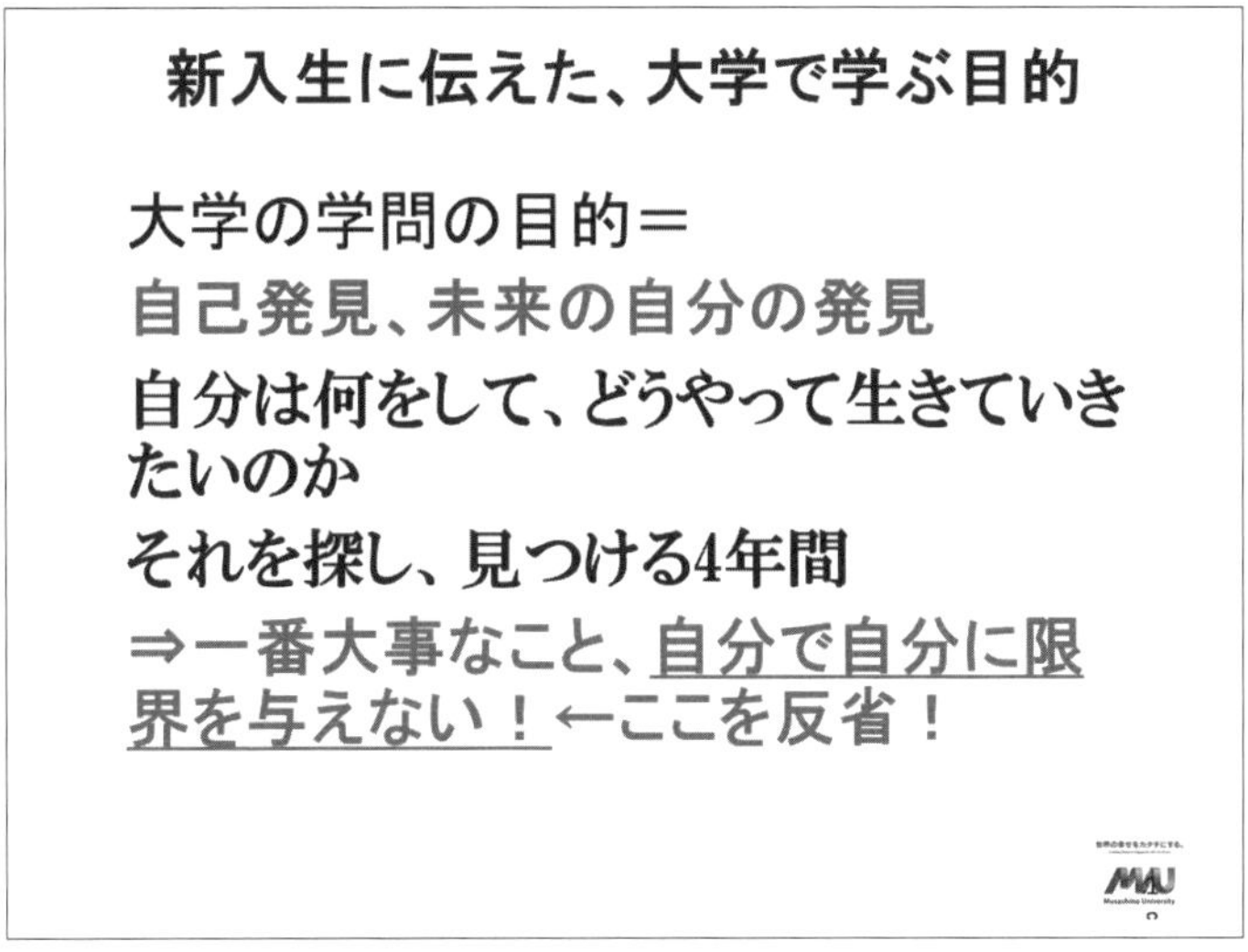
新入生に伝えた、大学で学ぶ目的
大学の学問の目的＝
自己発見、未来の自分の発見
自分は何をして、どうやって生きていきたいのか
それを探し、見つける4年間
⇒一番大事なこと、自分で自分に限界を与えない！←ここを反省！
世界の幸せをカタチにする。
MU
Musashino University
8

Ⅳ　楽しく学んで人生を変える

「武蔵野・法は、楽しく学んで人生を変えるところ」→2つの実例（ドラマの創造）

①リベンジ型

法律学科第1期卒業生の卒業式代表答辞

（早稲田大学法科大学院進学）

「皆さんも、この大学で人生を変えてください」

②開眼型

ごく普通の学生、民法でS→D→Sを取る＝表彰

YDK賞で良い就職→宅建士合格

「本当に、本当に人生が変わりました！」

追加ーイノベィティブな法学部教育のその先へ

大学院法学研究科ビジネス法務専攻開設

①半数は実務家教員（弁護士、不動産鑑定士、金融機関部長）

②産官学連携、国際連携型大学院

社会人、留学生、学部進学者を3分の1ずつ。企業や地公体の研修にも。

③提携先海外の一流大学⇒上海財経大学、サンパウロ大学等。本年度は北京大学から専任教授を招聘。

ご清聴ありがとうございました。

（参考資料）

①池田眞朗・法学部長インタビュー「2019年法律学科の最新情報—受験生の皆さんへ」大学公式HP法学部

②池田眞朗「新世代法学部教育の実践」有斐閣『書斎の窓』2016年1月号～11月号に連載

③『週刊朝日』2017年12月8日号記事「奇跡の大学」

④『AERA』2019年5月13日号「MUSYCの人気急騰」

©池田眞朗2019

幸い、この説明会は、全国から多数の高等学校の先生方の参加を頂戴して、成功裡に終わった。一方で私は、当時「高大連携」ということで、業者が行っていた高校と大学の間を取り持つ「出前授業」の申し込みについて、お断りしたことがある。今でいうマッチングの事業で、それなりに貴重な機会になったかとは思うのだが、企画が業者主導で行われており、真の意味の高大連携にはならないと感じたからである。先方の高校から直接にご依頼があったのであれば、私自身が喜んで出かけたところであった（実際、私は前任校の時代には、個人的にご依頼を受けて、茨城や福島の高校で模擬授業や講演を行っている）。私は先方の高校には、校長先生と進路指導の担当の先生に、お断りの御詫び状を自ら書き、そのお手紙の中で、この説明会でお伝えしたような内容を綴った。

ちなみにそのお手紙には、当時これも私が発案した、その年の11月23日（平日の祝日だが武蔵野大学は平常授業日になっていた）に法律学科が開催する、９月10月のＡＯ入試で入学が決まった高校生を対象とする入学前授業とガイダンスを見学していただく提案もした（ただこの平日の11月23日を活用するプランは、安全その他の理由で大学側から異論もあって長続きしなかったようであるが）。

いずれにしても、高大連携は、業者を挟むのではなく、担当者のハートが通い、お互いが効果を認めあう関係で実施したいと私は考えていたのである。

第Ⅲ部　大学院編——ビジネス法務学の誕生へ

第10章　閉ざされた法曹教育から、開かれたビジネス法務教育へ

――「時代意思」の選択

1　大学院を創る――ビジネス法務専攻という選択

新世代法学部の順調な滑り出しを受けて、4年間の学部完成の前に、大学院法学研究科修士課程の開設が決まり、これも私が開設責任者となることになった。これは、私の想定の範囲内の展開であったが、問題は、どういう法学研究科を創るかであった。

つまり、法学部創設の際にも考慮したとおり、既存の、研究者養成を目的とした大学院法学研究科には、厳然としたヒエラルキーが出来上がっており、新規参入者には全く勝ち目がない。一方で、2004年から開設された法科大学院は、認可過多の状態で、廃止する大学も相次いでいる。そうすると、これら二つの道を除いた、第三の道を模索しなければ、勝算はないことになる。ここでも、最初のコンセプト創りが決定的に重要になることがわかっていた。

熟慮の結果、2018年に開設された武蔵野大学大学院法学研究科修士課程は、ビジネス法

務専攻という選択をした。つまり、従来型の研究者養成の法学研究科でもなく、認可され過ぎて閉校が相次いでいる法科大学院でもない、第三の道を選んだのである。

ただ、「ビジネス法務専攻」という大学院は、わが国ではまだほとんど例を見ない。たとえば、一橋大学には、「ビジネス・ロー専攻」があるが、私は、「ビジネス法」と「ビジネス法務」は全く違うものと考えている。そもそも「ビジネス法務」自体が正確に定義されているわけではないのだが、一般のイメージとしては、企業法務、金融法務、知財法務等を教授するという受け取り方はされるであろう（後述するように、発足時点でなおあいまいだったこの部分が、数年後に「ビジネス法務学」として初めて確固たるものに形成されていくことになる）。

また、これまでの文系大学院の中でも資格重視型の専門職大学院（法科大学院のほかに公認会計士や税理士等の資格に直結する大学院）は一定の学生を集めやすいが、資格に直結しない修士号の取得は、すぐには受験者が多数集まるようなトレンドにはなりにくいことも容易に想像できる。けれども、我々は「時代意思」を汲んだのである。

それはどういうことかというと、第一にビジネス法務は、フィンテックに代表されるように、ITやAIを活用する、最先端のイノベイティブな分野になりつつある。それに関連する法律についても、これまでの、時代を後追いする「規制法」ばかりの時代から、新しい取引を開拓し支援する「促進法」の時代が来ているのである。

第二に、ビジネス法務は、社会人のリカレント教育に適した分野であり、また国際取引の増大から、（これまでの法律学のドメスティックな色彩を改めて）留学生を積極的に受け入れるべき分野になってきているのである。

第三に、ビジネス法務にかかわるいわゆる士業は、弁護士以外にも、司法書士、不動産鑑定士、弁理士等、多彩なのである。そして、企業法務や金融法務に携わる多くの人々にとっても、進化・発展していく専門知の「普及・共有」が必須の課題となってきているのである。

したがってビジネス法務教育は、従来の法学研究科のような、既存の法律学の研究者を育てるところでもなければ、法科大学院のような狭い領域の職能教育をするところでもない、「時代意思」に対応した、かなり広範な広がりを持ちうることが理解されよう（ただ、このように想定した２０１８年の段階では、その後の新型コロナウイルスの蔓延と、コロナ明けの「１００年に一度の変革の時代」の到来は、まったく見通せていなかった。つまり、開設段階での「時代意思」の把握は、方向性は間違っていなかったものの、まだまだ甘い見通ししかなかったのである。けれども、その方向性が間違っていなかったことが、２０２４年の段階での「変革の時代」への対応に幸いした。そのことは以下の章で明らかになっていく）。

ただし、この段階で「ビジネス法務専攻」を選んだのは、言うならば「消去法」である。実はそれでは大した（画期的な）成果は見込めない。この消去法から脱却し、かつ、新しい学問分野の構築にまで向かうことになるという展開は、当時は私自身にもまだ全く読めていなかったのである。

2　大学院法学研究科ビジネス法務専攻の目標――イノベイティブな法務を目指して

以下は、2018年12月15日に開催された、武蔵野大学大学院法学研究科ビジネス法務専攻修士課程開設記念シンポジウム『ビジネス法務の未来を語る』の冒頭に述べた趣旨説明[5]を基礎に、新しい法学研究科のコンセプトとその目標を述べてみたい。

本研究科の目標等を三点にまとめると、①実務と研究をつなげた「ビジネス法務」の確立、②「産官学連携型大学院」の探求、③トライアングル構成（社会人1／3、留学生1／3、学部からの進学者1／3）での教育、となる。以下に順次その説明を加えたい。

実務と研究をつなげた「ビジネス法務」の確立

この目標の要諦は二点ある。第一には、「ビジネス法務」の学修を、キャリアとして社会的に評価されるものとすることである。現時点では、「ビジネス法務」専攻をうたう大学院自体

5　池田眞朗「『イノベイティブな法務』をめざして――武蔵野大学大学院法学研究科ビジネス法務専攻の目標と本シンポジウムの趣旨」（特集・武蔵野大学大学院法学研究科ビジネス法務専攻開設記念シンポジウム「ビジネス法務の未来を語る」）武蔵野法学10号（2019年2月）5頁以下。

が未だ非常に少なく、ビジネス法務の修士号が企業等への就職に有利に働くものとは言い難い状況である。

第二には、「ビジネス法務」の研究分野としての認知である。これまで法学部門の研究は、いわゆる法解釈学を中心とした、学理的なものに偏っていたといえる。しかしながら、法律が社会規範であり社会を動かすルールである以上、法律とビジネスの関わりやその相互影響関係等を考察し研究する分野は、一つの研究分野として認知されてしかるべきと思われる。

「産官学連携型大学院」の探求

この論点についても、ポイントは二点ある。一つは、企業人のキャリアアップ教育ということである。昨今では、社会人の学び直し教育ということが盛んに言われているが、ここでは、とくに企業の中堅・若手の方々に、場合によっては就業を続けながら最先端のビジネス法務を学び、それをキャリアアップにつなげてほしいということを考えている。本研究科ではそのニーズに合わせて、社会人一年制コースも作り、入学試験も社会人の場合には職務経歴書の審査と面接で足りるようにし、また、フレックスタイム制への対応を想定して、授業は午前中と夕方以降にのみ設定している。

二つ目は、地方自治体との提携を図り、自治体の公務員の方々の研修機関としての機能を果たそうというものである。いくつかの自治体に人材をヒアリングしたところでは、自治体行政の中でも、最先端のビジネス法務の知識が必要である（職員の中の誰かはそういう方面に詳しい人材であることが必要）というニーズが相当程度にあるということであり、今回のシンポジウム開催についても、複数の自治体から賛同のメッセージを頂戴しているところである。

今後このような提携、連携の交渉も、対企業、対自治体の両面で深めて行きたいと考えている。その場合のもっとも肝心なところは、やはり相互に win-win の関係が構築できるかどうかということであろう。一方当事者だけでなく、双方に確かなメリットがなければ、これからの産官学の連携は持続的な成功は望めないと考えるところである。

トライアングル構成（社会人1／3、留学生1／3、学部からの進学者1／3）による教育

これについても述べるべきポイントは二点ある。一つは、院生の相互影響への期待である。異なる母体からの院生が同じ（少人数のゼミ的な）授業で学ぶことによって、お互いに経験や発想の違いを理解し、それが法律の多面的な理解につながることが期待されるのである。もう一点は、それぞれの出口の明確化が本研究科の特色につながるということである。

たとえば、社会人については、先にも述べたように、もちろん広義の（定年退職者等も対象になる）「学び直し」も含まれるのではあるが、とくに本研究科では、現職の企業人の「働きながらのキャリアアップ」を実現したいと考えている。また留学生については、最先端のビジネス法務を学んで、母国か日本での企業への就職をすることが、主として望まれる出口である。

最後に、学部からの進学者については、将来的にはビジネス法務を学修したことによって企業等への就職がより有利となることが目標であるが、現時点では、在学中に法律関係の難関資格への挑戦をしてもらうことも存在意義の一つとなろう。たとえば、不動産鑑定士や司法書士などである。これらの資格試験は、昨今では、学部在籍中に合格できる学生は非常に少ないのが現状である（たとえば平成30年度の司法書士試験の最終合格者６２１名（受験者1万４３８７名）中の、22歳までの合格者は10名である）。このような分野での実績を作ることも、本研究科としては目標としているところである。

3　法学研究科開設記念シンポジウムの趣旨——イノベイティブな法務を目指して

新設法学研究科「ビジネス法務専攻」のアピール

本シンポジウムの第一の趣旨は、新設法学研究科「ビジネス法務専攻」の独自性のアピールである。もちろん、前述のように「ビジネス法務」の評価を確立させることが本来の目的ではあるが、わが国の大学院レベルでの法律学教育をみれば、一方で法科大学院の苦境ともいうべき状況があり、他方で伝統的な研究者養成機関としての大学院法学研究科修士・博士課程については、上位校のヒエラルキーが確固たる形で存在していて、新設校がその中に参入することはまず不可能である。このような状況の中で、新設法学研究科が活路を見出すためには、それらのいずれでもない、第三の道を開拓することが不可欠の選択であったのである。

最先端の「ビジネス法務」の内容紹介

本シンポジウムの第二の趣旨は、最先端の「ビジネス法務」の内容紹介にある。ことに今回は、その中でもいわゆる新領域分野関係の科目を紹介する形を取った。設置科目名でいうと、「知的財産政策」「金融法（FinTech）」「エンターテインメント法」「再生可能エネルギー法」が本研究科設置科目であり、「マーケティング法」と「高齢者社会と法」は、現状では本研究科教員の法学部での設置科目となる。もっとも、本研究科設置科目のうち、今回カバーしきれていない、新しい金融法務の分野（ABLや電子記録債権関係など）については、次回のシンポジウムで取り上げる予定である（その他本研究科の独自科目としては、受講者に実際に起業計画作成を指導して、融資申請のプレゼンまでをさせる「起業ビジネス法務総合」という科目がある）。

「ビジネス法務」に何がどこまでできるか、今後どう開拓・進展すべきか

今回のシンポジウムの個別報告と、その後に続くパネルディスカッションの前半部分「足元から2020年」で明らかにしようとしているものは、「ビジネス法務」と称するものは、どういうカテゴリーの広がりをもっていて、現状において、何がどこまでできるのか、ということである。またパネルディスカッションの後半では、プログラムに「2030年へ、その先の

未来へ」と書いたが、パネラーの皆さんから、「ビジネス法務」はかくあるべきという未来像や、形成中の先端科目の完成像等を伺うところから、「ビジネス法務」教育論等にまで至れれば幸いと考える。

パネルディスカッションへのキーワード「イノベイティブな法務」

そのパネルディスカッションのキーワードとして私が提示したいのは、「イノベイティブな法務」という言葉である。innovative には、革新的、等の訳語も当てられるが、ここで私が考えるのは、何らかの新しい創造をする法務、新しい付加価値を生む法務、ということである。

一般に、企業法務等の発展の過程については、紛争対処法務から予防法務へ、予防法務から戦略法務へ、という説明がなされることがある。紛争が起こってからの事後解決から、紛争を未然に防ぐ予防法務へ、さらに、法務が積極的に経営戦略に関与していく戦略法務へ、という説明であるが、私が追求しようとしているのは、その先の、「法務自体が新しい付加価値を生むビジネス法務」の探究なのである。つまり、たとえば一企業の経営戦略のために駆使する法務知識、などというものを超えて、法務の営みそれ自体が、新たなビジネス特許を取得するスキームを開発したり、新たな経営分析指標の構築につながったりするという、段階である。また、少なくとも、そういう発想の契機をこのシンポジウムで見出すことができれば、望外の幸いというべきかもしれない。

4 「イノベイティブな法務」を探求するための「法律学のイノベーション」

最後に、私の考える「イノベイティブな法務」の探究方法について若干言及しておきたい。新しい付加価値を持った創造的な法務を産み出すためには、まず法律学自体がそのような革新性、創造性を持たなければならない。そのためには、法律学の中での分野横断型というか異分野結合型の研究や、法律学と他の学問との学際型の研究、さらには、産官学連携型の研究、など、なんらか新しい研究枠組みが必要になるように思われる。

今回の開設記念シンポジウムにおける個別報告は、すべて私がそのような観点からとくに選定し依頼したものなのである。

報告順に説けば、相澤英孝教授の「知的財産政策とビジネス法務」は、知的財産「法」ではなく、政府の知的財産「政策」との関連で見るところに新規性があり、有吉尚哉教授（弁護士）の「FinTechとビジネス法務」は文字通り新技術への対応の問題であり、金井高志教授（弁護士）の「マーケティング法の確立」は、文字通り学際的な新分野の創設である。また、水戸重之教授（弁護士）の「エンターテインメント法」は、異分野結合型というかハイブリッド型の新領域である（映画製作一つをとっても、著作権から資金調達、興行契約等を含むことを想起されたい）。さらに本田圭准教授（弁護士）の「再生可能エネルギー法」は、単純に太陽光の売電の問題などに矮小化されてはならない、環境学や地球の持続可能性につながる問題なのである。最後の樋口範雄教授の「高齢者法」は、代理や成年後見の問題から、信託法、医療法と、まさに同教授が行ってきた研究分野のすべてが結合して初めて形になる新領域分野なのである。
今日、ビジネス法務の重要性はようやく認識されつつある。[6] 本学法学研究科ビジネス法務専攻は、このように「イノベイティブな法務」の探究を行える人材を集めた研究機関としてスタートした。今後の研究成果の発出と、趣旨にかなう優秀な修了生の輩出をもって社会の評価を得たいと考える次第である。

と、この2018年の段階では述べていた。しかし、この内容は、確かに先進的な取り組みと評価はしていただけたと思うのだが、これでは真の意味の「イノベーション」にはなおたどり着かない。つまり、上記の教育コンセプトも、先端科目群も、ほとんどがなお法律学の枠内にあったのである。真の意味の、創造的破壊の要素を含む「イノベーション」は、既存の法律学を超えることで達成される（そしてそこに見出されるべき、ビジネス法務に関する新しい「学問」は、企業などの利益追求を超えた「目的」や「価値基準」を持たなければならない）。実はそのための模索は、次章に述べる出来事から始まっていくのである。

6　本シンポジウム開催後の2018年12月29日付日本経済新聞には、「法務人材、高まるニーズ――求人数1・5倍に」と題した記事が掲載されている。

第11章　再びピンチをチャンスに——実務家教員養成プロジェクト

２０１９年のある日、学長室からお呼びがかかった。「このお話を、法学研究科と法学研究所で受けてほしい」

話というのは、理事者側のつながりで、社会情報大学院大学（当時の名称、現在は社会構想大学院大学）から、文部科学省の実務家教員養成プログラムに参加の協力を求められた。ついてはこの5年のプロジェクトを、大学院法学研究科と法学研究所で受けていただきたい、というのである。

当時私は、副学長兼法学部長兼大学院法学研究科長兼法学研究所長という立場にあった。武蔵野大学の法学研究所というのは、他大学のように学部や研究科から独立した研究専門機関ではなく、予算組織として学部と大学院の両方を統括する立場にあるものであった。

プログラムの正式名称は、文部科学省の「２０１９年度大学教育再生戦略推進費」における「Society 5.0に対応した高度技術人材育成事業」の中の「持続的な産学共同人材育成システム構築事業」の補助金による、社会情報大学院大学を中核拠点校とする「実務家教員ＣＯＥ（Center of Excellence）プロジェクト」。

このプロジェクトでは、実務家教員の概念を広くとらえていて、必ずしも大学の専門教員レベルというわけではなく、さまざまな職業教育なども含めた概念で考えているようだった。もちろん大学教育としてもどの学問分野という限定は全くないとのことである。ただ、社会情報大学院大学が、主幹的な中核拠点校になるので（他の中核拠点校として大学では東北大学があった）、連携する共同申請校の一つになってほしいという要請が先方の大学から理事者レベルであった。大学としてはこれをお受けしたい。ついては副学長、あなたのところで実施を引き受けてくれないか、というのである。

確かに私が民法の考査委員を11年続けて、民事系の主査まで務めた司法試験考査委員会では、いわゆる大学の研究者委員と、弁護士や判検事の実務家委員で協力してやってきて、２００４年の司法試験制度改革でできた法科大学院では、研究者教員と実務家教員が採用されることになった。けれど武蔵野の大学院ビジネス法務専攻は、その法科大学院とははっきり一線を画して作ったものである。ただ、そうはいっても、ビジネス法務は実務を知らないと教えられない。それゆえわが法学研究科のスタッフは、特任教授として2名の（FinTechやＡＢＬで高い評価を得ている）現役弁護士を委嘱し、さらに客員教授や非常勤講師まで含めると、弁護士、不動産鑑定士、金融機関の部長、等々、約半数のスタッフが実務家という顔ぶれにしている。

ということは、もちろん他の学部学科でも引き受けられるところはあるはずだし、そもそものわが大学院法学研究科構築計画には入っていなかった話だが、ここは副学長もしている手前、法学研究科、法学研究所で引き受けることにすべきなのであろう。それに考えてみれば我が人生、これまでも何度も、制度改革とか初めての試みなどが回ってくる。

　というわけで、突然のお話で成算もあるわけではなかったのだが、今回もほぼ二つ返事でお引き受けしてしまったのである。

　そして最初の3年くらいは、頑張りながらも予想外の仕事が増えたという感じも味わっていたのだが、毎年度末には報告書代わりの単行書も出版して頑張っているうちに、4年目に入るくらいから、これは思いがけない大魚を釣ったのかもしれないと思うようになるのである。それが、次章に掲げる、「ビジネス法務学」という新しい学問体系の構築だったのであるが、まずここでは、そのいわば降ってわいた新しい業務をどうこなしていったのかを明らかにしたい。

武蔵野大学の実務家教員養成プロジェクト実施内容

　東北大学等、他のプロジェクトの中核拠点校らの実績については詳細ではないので言及を避けるが、社会構想大学院大学（プロジェクト開始時の校名は社会情報大学院大学）を中核拠点校とする「実務家教員COEプロジェクト」の場合は、まず拠点校社会構想大学院大学が、「実務家教員養成講座」をメイン事業として開始・展開した。これは、本事業の趣旨にかなった、大変適切なものであったと言えるであろう。また共同申請校の一つである日本女子大学が、自学独自のリカレント教育講座を展開しつつ、社会構想大学院大学の「実務家教員養成講座」のカリキュラムに協力して模擬授業の実施・審査の場を設けたのも大変適切と思われた。

これに対して、わが武蔵野大学は、大学院法学研究科ビジネス法務専攻と大学法学部法律学科を包含する組織である法学研究所をこの事業の主たる引き受け組織としたことから、まさに「Society 5.0に対応した高度技術人材育成事業」という位置づけを意識して、大学法学教育における実務家教員の養成に特化した活動を行った。

その骨子としては、主に博士課程生もしくは専門社会人の修士課程生を、中核拠点校の「実務家教員養成講座」を受講させたうえで、本学大学院に開設した「ビジネス法務専門教育教授法」を受講させ、さらに本学法学部法律学科のゼミナールにおける模擬授業を、そのいわば修了試験と位置付けるという、「大学実務家教員養成カリキュラム」を設定したのである。

もとよりこの実施方法は、履修対象者を博士課程生もしくは専門社会人の修士課程生に限定するので、履修可能者がそもそも毎年1、2名に限定されてしまうという欠点を持つ（したがって最終年度には、大学院の科目等履修生にも対象を広げた）。しかしながら、大学の正規教員には博士号が要求される時代の流れの中で、大学専門教育にたずさわる実務家教員を（ゲストスピーカーや特別講師ではない）実質的に正規教員として養成するためには、このような設定は必須なのである。その成果については、毎年の該当受講者に、報告書に当たる書籍に寄稿してもらったところである。

誰がどう教える?ビジネス法務教育の実務家教員に要求されるもの

少し話を戻すと、法科大学院の法曹養成教育の場合は、いわば究極の職能教育であるから、大学の研究者教員以外の実務家教員というものは、ほとんどが法曹三者（弁護士、裁判官、検察官）で占められていたわけである。しかし、ビジネス法務の場合は、同じ法律関係の専門分野でも、教える実務家教員側の資格や経歴が、はるかに多様に広がる。

実際に、武蔵野大学の法学研究科ビジネス法務専攻では、不動産鑑定士、金融機関の部長職、起業家等の方々が客員教授や非常勤講師の肩書で教壇に立っている（人数の内訳でいえば、専任教員10名のうち研究者教員が6名、実務家教員が4名（弁護士3名、元税務関係公務員1名）、非常勤教員8名のうち研究者教員が1名、実務家教員が7名（弁護士4名、不動産鑑定士1名、金融機関部長1名、起業家経営者1名）ということで、全体では研究者教員7名、実務家教員11名と実務家教員のほうが多いのである。その意味では、法科大学院以外で見た場合の、実務家教員活用のパイロットケースと言えるかもしれない）。

そこで、このような分野では、どういう実務家教員が、何をどう教えるのか、そして、どういうふうに新しい実務家教員を育てるのか、が大きなテーマとなってくるのである。それは、先の法科大学院の実務家教員が法曹養成に特化した職能教育を施すメンバーとなるのとは全く状況が異なっている。

新しい実務家教員をどう育てるのか

さらにいえば、これまでは実務家として実績を十分に挙げた人を大学が実務家教員として迎え入れていたのがほぼ全部という状況であったのを、このプロジェクトでは、そういう人材を「養成する」ことが要求されるのである。この「養成方法」の探究が、必須の課題になる。

この点、社会構想大学院大学の養成講座では、経験値を客観化して教育することが重要になっていたが、たとえば法学の大学教員という形で限定すると、やはりそれは普遍的なレディーメード教育にはなりえず、教える実務家教員が自らの経験値を生かしながら、教わる側の院生（当然、何らかの社会経験がある人で自分なりの経験値を持つ）の経験値を実務家教員となるための形に形成していくという、個別のカスタムメード型の教育にしかなりえないのではないか。

その想定があったので、武蔵野大学としては、あえて対象学生の人数は増やさず、実務家教員養成一般に共通する教育（授業構想、シラバス、授業運営、成績評価）などの部分は社会構想大学院大学の養成講座にお願いをして参加をさせたうえで、上記の独自カリキュラムを設定したのである。実際、大学教員には博士号をという現下の要請からすれば、対象学生は博士課程の院生（少なくとも社会的実績のある修士課程生）に限定されるであろうから、実際には大学専門教員を養成する実務家教員養成プログラムには、個別の博士論文指導（ないし修士論文指導）が大きな比重を占めることになる、さらに言えば、その博士論文ないし修士論文は、法律学で言えば、旧来の学説判例を分析するような解釈学偏重の論文ではいけない、ということが論理必然的に決まってくる。実務家教員として特色のある教育や研究をできるような、その能力を示すような、独自性、新規性を持った論文を書かせるように指導しなければならないのである。実はここに武蔵野の実務家教員養成ＣＯＥプロジェクトの究極の難しさがあるのだが、だからこそオンリーワンの価値のあるものになりうるのである。

小括

教育は、相互作用である。２０２４年夏の段階では、まだ武蔵野大学法学研究科博士後期課程の修了者（単位取得退学者）は出ていないが、在籍者は、データに関する民事責任とか、民法や税法などから構成される新しい市民法の構築とか、高齢化社会の矛盾を解消する法制の提言など、それぞれにオンリーワンの研究を続けている。各人が、弁護士、税理士、ＮＰＯ団体理事など、彼らの実務の実績から導かれる研究を展開しており、実務家教員養成をうたう本研究科としては、非常に適切な、得難い人材に来てもらっていると感じる。

博士論文をまとめることは、簡単なことではない。とりわけ、指導する側は、新規なコンセプトを打ち出して既存の法律学から抜け出る論文を求めている。彼らのイマジネーションとクリエイティビティが、わが法学研究科の評価につながると書けば、プレッシャーのかけすぎといわれようが、そういう院生を得ていることは、指導教員にとっては大変な幸福なのである。

本章は、彼らに対する感謝を伝えて閉じることにしたい。

第12章　ビジネス法務学の誕生

1　実務家教員養成からビジネス法務学への展開の論理

疑問からの発想の転換

法律学の場合、実務家教員というものの立ち位置は、これまで正当に確立されていなかった。法律実務を知る者（法曹とか企業法務部員）は、伝統的に大学教育の世界では少数であり、圧倒的多数は、実務経験のない、大学院博士課程までいわゆる法解釈学の研究で育ってきた研究者教員である。そして、その学理と実務の関係では、明確に学理の研究が優位に立っていた。

もちろん、その傾向は、２００４年の司法試験等の制度改革によってできた法科大学院では、明瞭に変化する。法曹三者（裁判官、検察官、弁護士）から多数が法科大学院に実務家教員として採用された（判検事については、定年退職者をそのまま教授として採用する例もあったが、現職の裁判官、検察官については、多くの場合、職場から3年程度の派遣で法科大学院教員になり、また現場に戻るというやり方がとられたようである）。しかしこれは、それまでの司法研修所教育

（司法試験合格者である司法修習生の研修教育）を一部肩代わりする趣旨で始められた、職能教育の制度改革であって、決して法律学教育そのものに実務家教員が採用されたわけではない（また、法曹を育てる職能教育において、実務を知らない研究者教員に任せておけないというのは、当時の改革の基本にあった当然の発想ということができる）。

ただ、考えてみれば、法曹という専門家でなくても、法律をベースにさまざまな取引を日々行っている企業人などは、本来、その取引社会の実態を知ってから大学を卒業して社会に出ていくべきなのであって、法曹になるための司法試験に必要な知識だからといって（すでに本書第1章にのべたように、法学部生の九割以上は法曹にならないのだから）学説や判例などばかりを詳細に教える解釈学偏重の大学法律学教育であってはならないはずなのである（ここで、本書第Ⅴ部に収録する学術論文「日本法学教育史再考」を参照されたい。我が国の法学教育史は、まさに最初から法曹養成及び官僚養成の歴史だったのである）。

そうすると、本来の法律学教育の世界では、実務家教員は依然として、研究者教員の補佐役、あるいは研究者教員が不案内な部分を埋めるというだけの存在であって、実務家教員養成の事業も、しょせんその限界の中での、研究者教員の補佐役を育成するだけの話になってしまう。それはやはりおかしくはないか。

その点に関する疑問がすべての出発点になった。つまり、実務家教員には、研究者教員をしのぐ部分はないのか、それも特定の技術やノウハウの保有というようなレベルではなく、本質的に実務家教員が研究者教員を凌駕するという話にはなりえないのか。その問題意識から、実務家教員養成事業が、法律学とは別物の、しかも法律学を含む社会科学のさまざまな学問分野を連結させるようなハブ的存在になりうるという、「ビジネス法務学」の形成・構築につながったのである。

そもそも、法律学という固定的かつアプリオリな学問体系の存在があって、そこに（法科大学院という職能教育の場を除いて）実務家教員をより多く参入させるというのではなく、法律学自体を実務家教員でなければ教授できない学問体系に作り変える、あるいは、既存の法律学はそのままにして、いわゆる実務家教員が主導する、新しい別の学問体系を構築することは考えられないか、という発想に至ったのである。

プロジェクトの究極の到達点

そこで、実務家教員武蔵野大学法学研究所および大学院法学研究科ビジネス法務専攻は、「実務家教員ＣＯＥプロジェクト」の究極の到達点として、「ビジネス法務学」の確立を目指すこととなった。

その詳細は、２０２３年度に発表した書籍、論文に譲るが[7]、要旨を述べれば、これまで「学」として認識されてこなかった「ビジネス法務」（企業法務と金融法務を有機的に結合させたもの）に「学」として必要な倫理性や規範的判断力の観点を加え、新しい学問体系として構築する。社会の動態を捉えて課題を解決し、持続可能な人間社会を形成していくことに何よりも重点を置き、法律の制定・改正を待たずに当事者の「創意工夫」を「新しい契約でつなぐ」ことが肝要であると提唱し、ＣＳＲ、ＳＤＧｓ、ＥＳＧなどを必須の考慮要素として取り込む、というものである。そこでは、実務家教員が逆に研究教育のイニシアチブをとることになる。

この「ビジネス法務学」の構築に到達したことが、共同申請校としての武蔵野大学の最大の事業成果であると報告することができる。すなわち、実務家教員を、既存の学問体系に補助的、補完的要員として養成し供給するのではなく、実務家教員が（研究者教員との位置関係を逆転して）主要メンバーとなる新たな学問体系を構築し、実務家教員はその学問体系の普及・発展に努める役割を果たす、という、まったく新たな、イノベイティブな世界観への到達である（そこにおいては、従来の研究者教員と実務家教員という二項対立はなくなる、というべきかもしれない。ビジネス法務学の教員は、そもそも実務を学び、法理論や他の領域の学問も学びつつ育てられることになるからである）。

7　池田眞朗「これからのＳＤＧｓ・ＥＳＧとビジネス法務学」池田編『ＳＤＧｓ・ＥＳＧとビジネス法務学』（武蔵野大学出版会、２０２３年３月）所収、池田眞朗「変革の時代の民事立法のあり方とビジネス法務学」池田編『検討！ＡＢＬから事業成長担保権へ』（武蔵野大学出版会、２０２３年７月）所収、池田眞朗「ビジネス法務学の確立とそのハブ構想」武蔵野法学19号（２０２３年９月）２７４頁以下（横書き53頁以下）等。

ビジネス法務学の確立へ

もっとも、２０２３年度末の段階では、上記「ビジネス法務学」について公表された研究成果は、ＣＯＥプロジェクト実施責任者の池田の論稿にほぼ限られ、成熟度も十分と言えないが、本学博士課程院生（実務家教員志望者）の論文や、他大学の研究者の論文も発表予定という状況であり、今後の発展が期待される。[8]

2　実務家教員ＣＯＥプロジェクトの法学研究科後期博士課程の教育への反映

博士後期課程における「オンリーワン」の選択

その武蔵野大学大学院法学研究科が、２０２１年の博士後期課程の新規開設にあたってした、オンリーワンの選択が、ビジネス法務の実務家教員の養成というわけである。今日、法務人材のニーズは、大企業におけるプロフェッショナル集団としての法務部員から、中小企業におけるいわゆる「一人法務」担当者まで、確実に増加している。さらには、法務の専従者ではなくても、民間企業の営業部門等の人材にも、契約等に関する「初級法務」の知識が必須のものとして求められる時代になっている。

こうした時代状況において、ビジネス法務を「教えられる」人材の養成、しかも単なるノウハウなどの経験知を教えるのではなく、それを一定の形式知あるいは理論知に高めて、継続的な「ビジネス法務学」の発展に寄与しつつ、教授して行ける人材を養成することが時代の必然の要請と見られるのである。

ここにおいて、文部科学省が「持続的な産学共同人材養成システム構築事業」を募集するに至ったわけである。ビジネス法務で言うマッチングの発想からすれば、本学法学研究科（法学研究所）がそこにビジネス法務の実務家教員養成を結びつけるのは、まさに必然の選択だったのである。

そして、そのような実務家教員にも、企業内、業界内のインストラクターなど、さまざまなレベルのものが想定されるが、大学の正規教員を想定した場合には、わが国でも採用時に博士学位が要求される時代になってきている。それであれば、やはり博士後期課程にこのような実務家教員養成の課程を置くべきということになるのである。

博士課程の入学実績等

武蔵野大学法学研究科は、2018年に修士課程を開設し、2021年に後期博士課程を開設した。周知のように、わが国では、博士後期課程への入学者がなかなか集まらない傾向があるが、その中で、わが法学研究科博士後期課程は、2021年に2名（うち中国人留学生1名）、

8　著者としては、2024年内に単行書『ビジネス法務学の誕生』（慶應義塾大学出版会）を出版する。

２０２２年に１名が入学し、そして２０２３年４月入学は、２名（うち中国人留学生１名）を数えるに至った（他に合格者１名が辞退して科目等履修生として受講）。この５名は、全員社会人で、しかも、初年度の留学生１名を除いた４名（うち留学生１名）が、すべて実務家教員を志望している（そして５名の持つ資格は、弁護士２名（うち留学生１名）、公認会計士１名（留学生）、税理士１名等である）。本研究科が、実務家教員ＣＯＥプロジェクトの実施をうたってきた成果かと思われる。また新型コロナウイルス蔓延以前から、ビジネスマッチング方式と称して、授業形態は担当者と院生の合意で対面も遠隔も選べるとしたコンセプトも、そこに寄与していると言えるかもしれない。

今後の課題としては、各院生が２０２４年度以降に博士論文を提出して実際に実務家教員としての就職実績を上げていくことであり、成果を確認するにはもう数年を要することになろう。

３　法学研究科後期博士課程の最初の実績——法学教育イノベーションの立証

２０２１年に開設した法学研究科博士課程は、最初の修了者（単位取得退学者）を出す前に、一つの実績を示すことができた。それが、第一号の論文博士の学位授与である。授与を受けたのは、水野浩児追手門学院大学経営学部長・教授、学位論文のタイトルは「債権の良質化における新展開」（２０２３年に経済法令研究会から出版されている）。それをここに明記するのは、この論文の内容が、まさにビジネス法務学の内容だからである。学位審査報告書の全文は、「武蔵野法学」[9]に掲載しているので、そちらをご参照いただきたいが、その報告書の中には、「本書は、伝統的な法律学の側面としては、民法債権法、税法、そしていわゆる金融法にかかわるものであるが、他方で、金融実務や経営学、金融経済学にかかわるものである。さらに、第2章以下の目次を参照しても明らかなように、新たな研究分野として開発されつつある、行動立法学やビジネス法務学の成果を積極的に取り込んでそれを実践しようとしている。この点において、本書は類例を見ない、新しい分野横断的な研究であるといえ、またその「分野横断」が、単に従来の、領域をまたがるという意味での「分野横断」ではなく、ビジネス法務学がうたう、諸分野をビジネス法務学が結びつける「ハブ」としての役割を果たす、という構想を実証する、審査員の理解の及ぶ範囲で初めての博士学位請求論文であると言える」との一節もある。

4　プロジェクト最終報告書の構成

以下には、武蔵野大学「実務家教員ＣＯＥプロジェクト」の最終報告書にあたる、池田眞朗

9　武蔵野法学21号（2024年9月刊）97頁以下参照。

編『実務家教員の養成　ビジネス法務教育からの展開』[10]の目次を掲げておこう。タイトルや執筆者の肩書（出版時）から、事業の実績と広がりをご理解いただければ幸いである。

池田眞朗編著『実務家教員の養成——ビジネス法務教育からの展開』

目次

第Ⅰ編　実務家教員ＣＯＥプロジェクト実践報告

第１章　プロジェクトの実践と展開（総合最終報告）　池田眞朗

第２章「実務家教員ＣＯＥプロジェクト」の開始とその活動報告　池田眞朗

第３章　ビジネス法務教育と実務家教員の養成——本質的法学教育イノベーションとの連結　池田眞朗

第４章　実務家教員の養成——ビジネス法務教育から他分野への展開　池田眞朗

第Ⅱ編　実務家教員によるビジネス法務教育の実践

第５章「ビジネス法務専門教育教授法」における実務家教員による講義
——経験並行型実務家教員としての実務家・研究者教員の立場から
金井高志（弁護士、前本学法学部特任教授）

第６章　ビジネス法務実務家教員の役割と有用性——ＩＴ関係法の場合〈対談〉
赤松耕治（タキロンシーアイ（当時）、武蔵野大学非常勤講師）

第Ⅲ編　中核拠点校寄稿
聞き手　池田眞朗
第7章　現代社会と新しい知の形式
川山竜二（社会構想大学院大学学監）
第8章　ビジネス法務学とはいかなる学問となりうるのか
川山竜二
第Ⅳ編　武蔵野大学他分野の取組み
第9章　実務家教員のキャリアデザイン――教育現場の現状と今後の期待
西本照真（武蔵野大学学長）
第10章　人間科学の分野における実務家教員とその養成〈対談〉
小西聖子（武蔵野大学人間科学部教授、副学長）
聞き手　池田眞朗
第11章　教育学部における実務家教員の将来性と課題ならびに育成プログラム
上岡　学（武　蔵野大学教育学部教授、副学長）
第12章　アントレプレナーシップ学部における教育、および実務家教員養成の現状と展望
伊藤羊一（武蔵野大学アントレプレナーシップ学部長）

10　池田眞朗編『実務家教員の養成　ビジネス法務教育からの展開』武蔵野大学法学研究所（創文扱い）、2024年）。なお当該書籍は、ネット通販では購入できるが書店には出ていない。

さらには教育イノベーション

池田眞朗

以上

5　小括

それでは、本章の小括としては、上記のプロジェクト最終報告書の20章末尾を転載して結びに代えることとしたい。

武蔵野大学法学研究科の成果——ビジネス法務学の誕生

いくつかの反省点はあるが、武蔵野大学大学院法学研究科ビジネス法務専攻としては、本プロジェクト参加の結果、非常に大きな成果を得ることができた。それが、すでに述べた「ビジネス法務学」の形成である。法律学における実務家教員の活躍場面を模索する作業の中で、出来上がっている法律の解釈学に偏した、静態的な学問になってしまっている現在の法律学からイノベイティブに脱却した、世の中の動態を把握して課題を解決する、新たな学問体系を私共は見出すことができた。これまで、「学」としてはほとんど意識されていなかった、企業法務や金融法務に倫理や規範判断力の要素を加え、ＣＳＲ（企業の社会的責任）論や、ＳＤＧｓ・ＥＳＧを必須の考慮要素として、変革の時代の既存学問分野をつなぐハブとなりうる学問分野を創出するきっかけをつかんだのである。

これは、プロジェクトの副産物という評価では足りない、大きな学問的創造といえるものではないかと自負する次第である。

実務家教員養成事業の今後の展開

本報告書では、大学生というパイの縮小に触れ、大学の生き残る道の一つは、18歳よりも上の世代の入学者や科目等履修生を増やすことだと書いた。ということはすなわち、社会人や高齢者対象の授業を、既存の大学教育課程のカリキュラムとはまた異なった形で、それらの教育に適性の高い教員によって行う、ということが想定できる。そしてこの考え方が、今日盛んに言われるようになったリカレント教育、リスキリング教育のニーズに合致するのである。実務家教員養成事業の今後想定できる一つの発展の方向性は、まさにそこにあるように思われる。今回の文部科学省事業の基本キーワードである「人材育成事業」からしても、リカレント・リスキリング教育の担当要員として実務家教員を養成するというカリキュラムが、さまざまな専門分野で検討されてよいであろう。

結論

以上を総括すれば、「実務家教員ＣＯＥプロジェクト」は、現代の（人口減少等の）時代状況の中で、いくつかの限界性・困難性を内包しながらも、この時点でなされるべき、必須の取り組みであったといえよう。そして、かつて象牙の塔と揶揄された大学が、現代もなお自己完結的な学問体系に安住しているところがあるとすれば、この「実務家教員COEプロジェクト」は、学問分野を問わず、当該分野のイノベーションを掘り起こすきっかけになりうる。そこに気づくことを可能にしたことこそが、この5年間にわたるプロジェクトの最大の意義ではないかというのが、武蔵野大学での「実務家教員COEプロジェクト」執行責任者であった私の得た結論である。

第Ⅳ部　広報編

──武蔵野大学ＨＰ有明日記

ある日の教室風景から（「有明日記」その1、２０１５年12月掲載）

法学部の受験をお考えの高校生・保護者の皆様へ。

「新世代法学部」を標榜して２０１４年に誕生した本学の法学部は、順調に２年目の冬を迎えようとしています。幸い、教員・学生の一丸となった努力によって、ここまでは目標通りの急速な発展を達成できていると申し上げられるようです。来年度の３期生を迎えるにあたって、私と学生諸君の日常を織り込んだ文章をお示ししましょう。法学部長「有明日記」と名付けました。これによって、わが「新世代法学部」の雰囲気を読みとっていただければ幸いです。

プロローグ

ご紹介するのは、二つの教室風景です。

まず一つは、２０１５年11月24日の有明キャンパス３—３０２教室。民法４Ｂ（法律学科２年生第４学期、債権総論後半、池田担当）の、最初の講義が終わった直後の大教室の風景です。半分近くの学生はすぐに立ち去らず、教室のあちこちに、十数人ずつくらいの学生諸君の輪ができています。一つの輪では、表彰の盾を持った女子学生を中心ににぎやかな笑い声が広がっています。もう一つの輪でも満足そうな笑顔での反省会でしょうか。リーダー格の男子学生のコメントにうなずく顔が。いや、その後ろでハンカチを目に当ててしまった女子学生も見えます。

二つめは、２０１５年12月８日の武蔵野キャンパス1101教室。法学2（法律学科1年生後期、金尾先生担当）の授業後の風景です。一人の男子学生が、にこにこしながら一枚の書類を持って教壇にやってきました。先生は、びっくりした顔をして、それから、今にも泣きだしそうに喜びました。たちまち学生の輪ができて、一人の男子学生が、ちょっと悔しそうにしながらも、しっかり祝福の言葉をかけています。

——これらの教室風景はどうしてでき上がったのか。まずは以下の1．2の説明をお読みください。

大教室双方向授業

2014年4月に1期生を迎えた法学部で、私は最初に法律学科150名政治学科100名の全員を対象にした「法学1（法学の基礎）」という授業を担当しました（注、2年目からは法律学科と政治学科の法学は別の授業になっています）。最初が肝心、と思った私は、金尾悠香先生の担当科目に共同担当者として加えてもらったのです。そこで私が始めたのが、長年かけて開発した、「大教室双方向授業」です。これは、約250人の受講者のいる大教室で、ハンドマイクを2本持って学生諸君の中に入って行き、彼らに質問をしたり会話を交わしたりしながら授業を進めるやり方です（ちなみに私はこの授業方法について法律学科の先生方を相手に「講習会」を開きました。共同担当の金尾先生はいまや免許皆伝の腕前です）。これをすると、後ろのほうの席で私語をしている学生がいれば私がすぐに飛んで行って質問するので、教室中が静かになって、緊張感のある授業ができますし、何より学生諸君が集中して学ぶことができます。法律学では、伝統的に教授が教壇の上からえらそうに一方的に講義をして学生諸君はそれを聞きながらノートを取る、などという授業が行われてきました。けれどもそれでは退屈です。「新世代法学部」ではそういうことはしないのです。しかも私は質問をしながら一人ひとりの学生の名前を憶えていきます。こういう授業をやっている大学はまだほかにはそうないと思います。さて、それを一年半以上続けるとどうなるのでしょうか？

完全4学期制の実施

最近、大学の4学期制ということがマスコミでも取り上げられています。けれども、わが国の大学、ことに法学部では、4学期制を採用したといっても、実際は試験がまだ前期後期の二回であったり、一部の教員が任意に4学期にしているだけというところも多いのです。それはことに法律学のほうの、主要科目の講義の分量が伝統的に通年4単位に適していて4学期に分けることが困難、ということが大きな理由です（この点、政治学のほうは、対応がしやすい科目が多いのです）。しかし本学法学部では、2015年4月からの全学の4学期制採用に伴い、法政両学科ともに（1年生の一部科目を除いて）完全4学期制を実施しました。

そこで私たちは工夫をしました。具体的な対処方針として、①政治学科では、4学期制のメリットを最大限に享受して、6月第2週から始まる第2学期に極力必修科目を入れないようにして、6月から9月までの語学研修などの海外留学やその他の学外研修を可能にすることにしました。②しかし法律学科では、基本法律科目を4分割するのは困難なことから、いわば4学期制を逆手に取って、「民事基本法先行集中学習カリキュラム」と名付けた最先端のカリキュラムを採用し、民法の物権法や債権法をすべて週2コマの集中授業として、民法財産法を2年生のうちに修了することとしたのです（他大学では3年生までかかるのが通例です）。これは、法律の学習が一つの系統樹のようになっているので、その幹のところに当たる民法を先に集中して学ぶことに合理性があり、またメリットがあるということから採用したものです。その結果、2年生の諸君は、1年間の半分は民法を週に4コマ学習します。

さて、それを4月から実施してきた結果はどうなったでしょうか？

これら1、2の答えが、最初に紹介した教室風景になるのです。

11月24日有明キャンパス

まず11月の有明キャンパスです。その日は、11月12日に実施した、第3学期の民法4A（債権総論前半）の期末試験について、成績優秀者の発表をしました。本学では、ABCDの評価の上にS（90点以上）という評価があります。私の試験は、毎回60分の試験時間ぎりぎりいっぱいまでかかる多数の問題を出しますので、途中で出ていく学生は一人もいません。今回のメインの問題は、M子さんと恋人のU夫君の会話の形の文章問題で、事業に失敗した父親が、母親と離婚することにして自宅の土地建物をM子さんたちに残そうとするという、かなりレベルの高い問題（離婚といっても家族法の問題ではなく、債権総論の詐害行為取消権という制度の問題です）だったのですが、結局144名中23名がSという好成績でした。

盛り上がったのはある意味4学期制の賜物で、1学期はS、2学期は安心してしまったらD、という一人の女子学生が、3学期に奮起をしてSを取り返したのです。その学生Kさんを、私は盾を作って表彰しました。

それで終了後に、おめでとう、よかったね、その盾見せて、などというグループがあり、優秀者名簿に何人もが載ったグループもあり、その中で、問題を読み違えてSを取り損なった女子学生がくやしくて泣き出したり、という騒ぎになったのです。

この教室風景を見て、私は強い手ごたえを感じました。たかが民法の期末試験一つでこれだけ学生たちが盛り上がる大学は、そうないと思います。

私が彼らに願っているのは、一つでも多くの「成功のドラマ」を体現してもらうこと。この大学のこの法学部に来てよかった、と思って卒業してくれることなのです。11月24日の教室風景は、まずその一歩を感じさせてくれるものでした。

12月8日武蔵野キャンパス

12月2日に、宅地建物取引士の試験の合格発表がありました。法律学科1年生のU君が金尾先生に見せに来たのは、その合格証だったのです。宅地建物取引士は、毎年多くの合格者が出るとはいっても、立派な資格試験であり、大学1年生で受かるのは素晴らしいことです。

実は私と金尾先生は、前期にこの宅建の資格のことを教室で話して、1年生の諸君に受験を呼びかけていました。ただU君は、夏頃までその気がなく、それから勉強を始めたのですが、金尾先生にも受験することを黙っていたのだそうです。彼はその理由を、先生にサプライズがしたかったから、と答えています。それを聞いて私は、やはりうれしい手ごたえを感じました。

大学の1年生です。相手は4月からまだ半年と少し、大教室で週1回会うようになっただけの教員です。マスプロの大学ならまず顔も覚えてもらっていません。そしてそんな関係なら、「先生にサプライズで報告がしたかった」などとは決して思わないでしょう。さらに、彼にいさぎよくおめでとうと声をかけたのは、私も金尾先生も前期から期待をかけていたN君。私もすでに半年でかなりの1年生の顔と名前を一致させて覚えているのです。これが武蔵野大学法学部法律学科の教室風景なのです。

エピローグ

ちなみに宅地建物取引士については、法律学科2年生からも複数の合格者を出しました。ただこれは私に言わせると、先に述べた「民事基本法先行集中カリキュラム」の成果を考えれば当然のことなので、来年は新3年生と新2年生で大量の合格者を出したいと思っています。というのも、宅地建物取引士は、不動産業に必要な資格であると同時に、司法試験などを目指す人には、自分の実力を測る物差しにもなり、また不動産関係以外の分野の一般企業就職を目指す人たちにとっては、就活で民法などの学習をしっかりやってきたという証拠として示せるものになるからです。

そのうえ、私にはうれしいエピローグがありました。２年生で今回の宅建試験に合格したＴ君とＷさんは、先の11月24日有明キャンパス３０２教室で私が民法４Ａの成績優秀者を発表した、そのリストの一番上に、98点のトップタイで名前があった二人なのです。偶然とはいえ、大学の期末試験の成績と、資格試験の結果が見事に完全にシンクロしたわけです。

私の持論は、「資格は予備校で取るものではない。まず大学の授業の成果で取るものだ」ということです。大学の期末試験でよい点数を取れれば、資格試験の合格も当然についてくる。それを証明してくれたＴ君とＷさんには大感謝です。

以上、１期生と２期生の「サクセスストーリー」の第１章を紹介しました。続きは、３期生となる皆さんも加わって、一層素敵に綴ってほしいと願っています。

1期生の実績と最新入試結果について(「有明日記」その3、2018年6月掲載)

「新世代法学部」を標榜して2014年に誕生した本学の法学部は、今年2018年の春に最初の卒業生を出しましたが、その1期生がめざましい実績を挙げてくれたおかげで、入学試験においても、法律学科では前年比倍増に近い志願者を集めることができました。「ルール創り教育」のスタートアップ・コンセプトも徐々に世間に浸透し、教員・学生の一丸となった努力が、数字になって皆さんに報告できる段階になってきました。来年度2019年度の6期生を迎えるにあたって、私からのメッセージをお伝えします。

2018年度入試の総括――志願者180%増

2018年度の法律学科の入試結果は、総志願者数が2017年度は1111名であったのに対して、2004名という大幅増となりました。これは、定員が150名から200名と増加したことも理由のひとつと思われますが、やはり1期生の挙げてくれた実績とそれに対するマスコミの評価(週刊朝日2017年12月8日号で「奇跡の大学」の記事にトップで紹介されました)などが大きな要因になっているかと思われます(ちなみに2019年度は、新学部増設の関係で、法律学科は定員190名で募集します)。全国の法学部の総志願者数は、前年比2〜3パーセントという微増であったとのことですから、本学のような数字を挙げた法学部法律学科は、他にはほとんどないと思われます。また、偏差値情報としては、まだ一部ですが、河合塾の5月模試を基礎とした情報では、前年の45から47・5に上昇しています。

また本学では、このたび6年ぶりに高校の先生方やメディアの方々をお招きして説明会を開きました。当日私は副学長として法律学科の上記の実績を紹介するとともに、法律学科のスタートアップ・コンセプトの新しさ（前述の「ルール創り教育」を基本とした、「4学期制対応民事基本法先行集中学習プログラム」「大教室双方向授業」等）を説明しました。

1期生の成果——法科大学院合格と宅地建物取引士合格

法律学科は、「新世代法学部」として、「マジョリティのための法学教育」を標榜して、ビジネスや公務員を二大進路と考えて、「ルールを創れる人を育てる」ことを目標にしてきました。つまり、旧来の法律学教育が、いたずらに学説等の細かい解釈学にこだわっていたのを改めて、法律を学んだ諸君が、将来入って行くそれぞれの「社会集団」で、その構成員を幸福にするルールを創ることができる、そういう人を育てることを、わが法学部は第一義にしているのです。

一方、全国の法学部生は13万6000人いるといわれます。一学年で約3万4000人というわけです。そうすると、毎年の司法試験合格者が約2000人、国家公務員総合職合格者（法律・行政関係）が約700人とすると、両者を合わせても、一学年の法学部生の一割にも満たないのです。それであれば、まずその九割以上の、法律専門家にならないマジョリティの法学部生に役に立つ教育を施し、そこから法律学に興味を覚えて、法律のプロになろうという人が出てくれれば、その人たち向けのプログラムを用意する、というやり方を本学は採用したのです。これが、武蔵野大学法学部法律学科のスタートアップ・コンセプトの最重点であったわけです。

その法律専門家養成プログラムとして、法律学科では2016年度から「法曹士業プログラム」を開設しました。入学後の法律科目の成績とTOEICのスコアで選抜して、弁護士による課外授業が受けられたり、外部予備校の費用についての奨学金を受けられたりするものです。それを、法科大学院や予備試験を目指す法曹コースと、一般企業の就職にも役立つ宅地建物取引士資格取得を目指す宅建コースに大きく分けました（これ以外のたとえば司法書士についての書式の講座や、不動産鑑定士、社会保険労務士などの特殊な試験科目は、外部の予備校で補充をすればいいわけです）（追補、2022年度からは新たに不動産鑑定士コースを加えました）。

そして今年2018年の春に卒業した法律学科1期生約150名のうち、法科大学院進学者は、慶應義塾大学2名、早稲田大学1名、中央大学2名、上智大学1名の計6名、また宅建士試験合格者は10名となりました（法科大学院入学試験合格者数は、慶應義塾2名、早稲田3名、中央5名、上智2名）。また、上級公務員関係についても、まだ少ないのですが、国家公務員一般職、特定職（国税専門官）に合格者を出すことができました。

この結果は、指導をしてくださった弁護士の先生方の、文字通り寝食を忘れるほどの献身的なご尽力の結果であるわけですが、これらの一期生が、母校の教壇で後輩を指導してくれる日が来るのも、そう遠くないと思われます。こうして「先輩が後輩を教える」という伝統が、武蔵野大学法学部法律学科に根付いていくことこそ、私の目指している理想でもあるのです。

就職に生かせる宅地建物取引士の資格

法曹士業プログラムのもう一つの「士業」のほうでは、まず宅地建物取引士試験に法律学科として力を入れています。というのは、この資格を持って不動産業に就くのももちろん結構なのですが、この試験は、法学部法律学科の最大の基本科目である民法の比重が大きいので、この資格を得たということは、大学で民法をはじめとする民事の主要法律科目をしっかり学んだ、という一種の証明書になり、就職活動でも別扱いされるのです（そのことは、3年生までにこの資格を取った諸君が、今年の就職活動で実証してくれました）。さらに不動産以外に、金融、商社、損保、建設といった、法律をよく使う分野でもこの資格は「証明書」として有効です（なお、新聞報道では、本学の宅建士合格者も1名就職した大手不動産会社が、宅建士合格の学生に対しては今年から採用手続で一次試験を免除することを発表しています）。

昨年2017年10月の宅建士試験では、法律学科から15名の合格者を出すことができました。これで、2015年度3名、2016年度7名、2017年度15名と、学年進行に従って、文字通り倍々のペースで合格者を増やすことができたわけです（その中には3年連続で1年生の合格者が含まれています）。ちなみに2017年の合格者は、1年生2名、2年生2名、3年生8名、4年生3名でした。今年も昨年を上回る合格者が出ることを期待しています。

TOEIC受験大作戦

もう一つ大事なことは、英語の重要性です。民間の大企業では、新卒採用試験のいわゆる「足切り」として、TOEICという英語検定試験が良く使われます。これは、英検のように級の合否ではなくスコアが取れるもので、足切りに会わない一応の目安は650点です。さらに最近は、公務員試験でも、法科大学院入試でも、「英語加算」という制度が広く始められています。試験の持ち点に、一定の英語資格が加算されるものです。したがって、どういう進路に進むにせよ、TOEICのスコアが必要になるのです（資格を取るのだから英語はできなくて良い、という時代は終わったのです!）。そこで法律学科では、このTOEICのスコアを取ることを必須にしました。ゼミに入るにも、法曹士業プログラムなどを受けるにも、TOEICのスコアが判定に要求されるようにしたのです。そして一方でTOEICの公開テストの受験を推奨し、ことに年2回、6月と12月の公開テストには、大学から費用補助が出るので、これをほぼ全員で受けるように指導しています。実際、2018年6月の公開テストの学内申込者数は、全学で625名が申込み、そのうちなんと415名が法律学科（1年生から3年生までの合計）というデータが出ています。

大学院法学研究科ビジネス法務専攻修士課程の開設

もう一つお伝えしたいニュースが、2018年4月からの大学院法学研究科ビジネス法務専攻修士課程の開設です。これは、武蔵野大学法学部法律学科の先端的なカリキュラムを生かして、ビジネス法務に特化した独自の大学院を作ったものです。スタッフとしては、東京大学、一橋大学、慶應義塾大学から教授を新たに招聘し、わが国の5大法律事務所と呼ばれるところから、多数の弁護士教員も招聘しました。金融法務の世界では、FinTechやABL、電子記録債権などについての授業、企業法務については、再生可能エネルギー法、対東南アジア取引、Legal Writing、知財法務の関係では、情報法、IT関係法、エンターテインメント法など、最先端の法務知識を学んで、ビジネスの世界で活躍する人材を育てようとするものです。

院生の構成としては、大学新卒者と、社会人と、留学生とを三分の一ずつに想定していますが、新卒者の場合は、司法書士や不動産鑑定士など、実際に学部4年生まででは合格が困難な資格に、この修士課程に在籍中に合格するという利用の仕方も想定しています。また、社会人については、学び直し教育のニーズにも応えていますが、現在企業や市役所等で活躍中の人材が、スキルアップを果たして職場に戻る、一年制のコースも設置しています。

整った陣容と教育体制——第6期生への期待

このように、武蔵野大学法学部は、2014年4月の開設から4年半で、陣容と教育体制を整え、その教育効果を実証する成果を挙げげつつあると申し上げられると思います。そして今、自信を持って、高校生・受験生の皆さんに、わが学部に来てください、とお誘いすることができます。

ただ、私たちの奮闘は、まだ始まったばかりです。目指すのは、オンリーワンでナンバーワンの存在です。そこに行き着くために、一緒に頑張ってみませんか。2019年度入試では、（学部増の関係もあり）法律学科の定員は190名で、政治学科の定員は100名で募集します。この機会に、ぜひ本学法学部の門をたたいてください。皆さんの入学を、楽しみにお待ちしています。

２０２０年度法律学科の総括――史上最高の実績報告です

（「有明日記」その６、２０２１年２月掲載）

お待たせしました、有明日記の更新です。「新世代法学部」を標榜して２０１４年に誕生した本学の法学部は、完成年度入学の４期生が２０２０年に４年生となり、また史上最高の成果を挙げてくれました。さらに１期生の卒業生たちの華々しい成果もありました。新型コロナによる遠隔授業の中でも、在学生も頑張っています。２０２１年度の今後のＢ日程、Ｃ日程入試や共通テスト利用入試の受験生の方や、申し込みを考えておられる方々のために、法律学科の最新情報をお伝えします。ぜひこれまでの有明日記と合わせてお読みください。

１期生の大活躍――司法試験に２名、司法書士試験に１名、合格しました

まずは大変うれしいニュースです。２０１８年（平成30年）３月に卒業した法律学科１期生で、法科大学院に進学した諸君が、初めての司法試験に臨み、３名中２名がストレートで合格しました。いずれも慶應義塾大学に進学して修了した、須藤駿君（武蔵野池田ゼミ）と中村昌哉君（金尾ゼミ）です。お二人はこれから司法修習に入り、修了試験に合格すると、法曹三者（裁判官、検察官、弁護士）のいずれかになることになります。

武蔵野ＴＶ法律学科池田ゼミ Zoom 夏合宿動画より

さらに1期生では、牧亜斗夢君（金尾ゼミ）が司法書士試験の最終合格を果たしました。こちらも、同試験についての法学部初の合格者です。

実は司法書士試験は、現在、司法試験以上の難関試験と言われており、本年度の司法書士試験の最終結果は合格者数595人、受験者数1万1494人、合格率約5パーセントで、しかも合格者の平均年齢は40・02歳でした。牧さんは、ほぼ独学で25歳（平成7年生まれ）で難関を突破したもので、今回の試験で同年生まれまでの若年合格者は合計41名という快挙でした。

法律学科1期生は、すでに平成31年の公認会計士試験で佐藤匠君が合格しており（佐藤君は法律学科に在籍しながら本学の育成プログラム会計士コースで研鑽）、これで難関資格試験の三冠を達成したことになります。これは、法学部法律学科1期生の、道を切り開こうというパイオニア精神と、「法律を学んで人生を変える」というコンセプトのもと開設以来頑張って指導してきた教員の皆さんの努力が重なった結果と言えると思います。難関士業資格としてはもう一つ、不動産鑑定士試験があるので、今度はその合格者を出して四冠を達成してほしいと願っています。

法科大学院合格実績――史上最高の延べ26名が合格！

もうひとつ、2020年度は、法学部法律学科完成年度（開設4年目）に入ってきた諸君が4年生になり、進路の成果が問われる年でした。実は我々教員は、彼ら4期生を「パイロット・エイジ」と呼んで、武蔵野法律学科の教育成果を測る指標を示す学年と位置付けて指導してきていたのです。その彼らが、法科大学院入試で、史上最高の合格者数をたたき出してくれました。2020年度法律学科の法科大学院入試合格者は、一橋1、東北2、慶應義塾4、早稲田6、中央8、千葉1、都立大1、明治1、法政1、学習院1（延べ26名）となりました。初の一橋合格者を含めて国公立5名、私立上位3校（慶應・早稲田・中央）計18名、総計26名（すべて延べ人数）のいずれも史上最高となりました。なお実数で9名の法科大学院進学が決定しており、これも史上最多です。また、9名はすべて法曹士業プログラム生で、同プログラム生の法科大学院志望者は今年も全員合格を果たしました。

「法律を学んで人生を変える！」

もちろん、わが法律学科では、難関資格試験を突破させることが教育の第一の目的ではありません。開設以来、「マジョリティのための法学教育」を標榜して、いたずらに学説などを覚えさせるのではなく、このルールは誰の何のためにあるのか、こういうルールがないと人はどう困ってどう行動してしまうのか、を学ばせる、「ルール創り教育」に力を入れてきました。そして、各自の目的に沿って、法律の学びを生かして進路を切り拓いて行くことを教えてきたのです。法律学科のモットーは、「法律を楽しく学んで人生を変える」です。資格試験も、その進路を選ぶために活用すればよいのです。

毎年全学年で20名以上合格してきた宅地建物取引士試験は、今年は新型コロナのために2020年度の試験が2回に分かれたため、正確な数字がまだ集計できていませんが、たとえば今年卒業するM君は、2年生の時に宅地建物取引士試験に合格し、3年生を終えた春休みにはその資格を生かして不動産仲介の大手企業から内定を得られたので、2020年3月からの新型コロナ禍が始まる前に就職活動を終えることができたのです。また2020年度は、現役3年生のNさんが、行政書士試験に学科初の3年生で合格しました（過去に4年生合格は2期生に実績あり）。

さらに一歩進んだ法律学科へ――起業家学生の輩出推進

一年前の有明日記では、「さらに、わが法律学科は、法曹や公務員など、既存の社会の仕組みを支えていく人たちを輩出するだけではありません。独自の感性で想像力（イマジネーション）と創造力（クリエイティビティ）を磨いて、新しい仕事を開発していく、起業家志向の学生も育てたいのです」と書きました。

その具体的な施策として、2020年度からは、本学の大学院法学研究科ビジネス法務専攻修士課程に新設した「起業ビジネス法務総合」という科目を、学部4年生が科目等履修生として院生と一緒に特別に履修できる制度を作りました。早速、初年度は2名の4年生が、この科目を履修しました。さらに上述の、司法試験に合格した須藤君も、司法試験受験後合格発表までの間の期間ということで、第3学期のこの科目に科目等履修生として参加してくれたのもうれしいことでした（なお、司法試験合格者である須藤君と中村君の2名は、この期間に法律学科1年生の補習授業の講師もしてくれました。私が思い描いていた、「先輩が後輩を教える」かたちが、早くも実現しつつあります）。

本学大学院法学研究科へ続く奨学金制度も

さて、今日はもう一つ新しいお話です。4年生で、上記の大学院ビジネス法務専攻の科目を履修したり、ビジネス法務専攻に進学したりしたい人のために、4年生に奨学金による補助をする制度も作りました。法学研究科独自の特別奨学金、愛称はその名もわかりやすい「ABC奨学金（Ariake Business Challengers 奨学金）」です。大学院の科目を、いくつか科目等履修生として4年次に学べるもので、原則は本学の大学院修士課程に進学する人が対象ですが、起業希望者で上記の「起業ビジネス法務総合」を受けたい人については、大学院進学と関係なしに応募できます。

この奨学金は、科目等履修生の受験料と受講料を支給するもので、2科目分までの支給をする予定です（詳細は4年生になるときのガイダンスで説明します）。いろいろな支援の制度を活用して、「なりたい自分」になってください。その他法律学科としては、1年生の入学時に、先の宅地建物取引士試験の問題集と共に、TOEIC用の単語集を全員に配付する作戦を今年も継続して実施します。

新型コロナに負けずに楽しく学ぶ

2020年度は、残念ながらコロナに始まりコロナに終わる一年でした。けれども、法律学科は、遠隔のZoom授業でも、楽しくやっています。2020年度1学期の授業アンケートでは、Zoomの方が理解度が上がったという結果も出ており、個別には、対面の大教室よりもいつ当てられるかわからない緊張感がある、という回答もありました。

以下には、「武蔵野TV」にアップしている、2020年夏の模擬授業、卒業生・在校生インタビュー（上記の須藤君も登場します）、池田ゼミZoom

夏合宿（勉強以外の楽しい「自由研究」の発表もありました）報告のＵＲＬを掲げておきます。

　武蔵野大学法学部法律学科は、人生を変えられるところ、ピンチをチャンスに変えられるところ、そして高校時代の君の立ち位置をいっぺんに変えられるところです。ただしそれも君の意欲次第です。ただ待っていてもチャンスはつかめません。今、チャンスをつかみに行動したい君、ぜひ来てください。

①法学部法律学科ＷＥＢオープンキャンパス模擬授業、卒業生在校生インタビュー Part.1（模擬授業） https://www.musashino-u.tv/others-ch/1548/

②法学部法律学科ＷＥＢオープンキャンパス模擬授業、卒業生在校生インタビュー Part.2（インタビュー） https://www.musashino-u.tv/others-ch/1554/

③法律学科池田ゼミ Zoom 夏合宿紹介　https://www.musashino-u.tv/academic-ch/1449/

アフターコロナの法学教育――武蔵野・法のさらなる進化
(「有明日記」その7、2021年9月掲載)

お待たせしました、有明日記の更新です。「新世代法学部」を標榜して2014年に誕生した本学の法学部は、完成年度入学の4期生が2021年3月に卒業し、史上最高の成果を残してくれました。さらに1期生の卒業生たちの華々しい成果もありました。2021年9月現在で、すでに1年半にわたって新型コロナ禍による遠隔授業が続きましたが、その中で、法学部法律学科と大学院法学研究科(ビジネス法務専攻)は、着実に「新しい法学教育」を模索し、その実証実験をしてきました。2022年度入試に向けて、受験生や保護者の皆さんに、また一歩先を目指している法律学科と法学研究科の最新情報をお伝えします。ぜひこれまでの有明日記と合わせてお読みください。

「時代のトレンドを学ぶ」大学院までの一貫教育へ

大学院法学研究科は2018年4月に、法曹養成でも研究者養成でもない、ビジネス法務専攻として設置されました。そして、今年2021年4月からは、博士後期課程も設置しました。

ここでの新しい試みは、文部科学省の新事業に申請して、実務家教員を養成することも目的としたことです(社会情報大学院大学を主幹校とする「実務家教員COEプロジェクト」に連携校として参加)。

さらに、学部生との関係で言えば、さまざまなゲストをお迎えして、大学院と法学部法律学科の特別共同授業を企画するようにしたのです。

これには大きな理由があります。本学の大学院法学研究科ビジネス法務専攻は、最先端のビジネス法務を学び、かつそれを教える人を養成するのですが、わが国の従来の法学研究科が、細かい解釈論に偏った理論研究をしていたのに対して、本学では、時代のトレンドを見据えた、ビジネス法務のイノベイティブな研究を中心に置いています。そしてそれは、まさに世の中の実務の動きに即して展開されていくものであり、法学部法律学科での、学理に偏することのない「マジョリティのための法学教育」の発想の延長線上にあるものなのです。したがって、その大学院教育の導入部分を学部生に聴かせることは、大きな意味のあることなのです（実際、法学部から企業に入った新入社員に最も求められるのは「初級法務」だとよく言われます）。

2021年度前期には、SDGsやESGに関する、法学研究科と法律学科の合同特別授業を二回にわたって実施しました（法学研究科は、その実績にもとづいて、SDGs実行宣言を6月に発出しました）。

4年生で大学院の授業が奨学金で聴ける「科目等履修生」

ただそうは言っても、大学院進学までは、と考える諸君は多いと思います。そのために、昨年2020年度から、4年生が、しかも（人数に限りがありますが）2科目程度の法学研究科の授業を奨学金で聴けるという、「科目等履修生」＋「ABC奨学金」の制度を始めました。ABCはAriake Business Challengersの略です。なお科目等履修生の制度自体は、広く外部の人々に公開されているもので、現在は他大学の院生や社会人の方々がリカレントやスキルアップの目的で学んでいます。

2021年度は、3名の法律学科4年生が、合計

6科目の大学院の科目をこの制度で学んでいます（もちろん成績証明書に成績が付きますし、本学の法学研究科に進学した場合は履修済み科目として力ウントされます）。今後さらにこの制度を利用して新しい知識や経験を身に付けて社会に出て行く法律学科生が増えることが期待されます。

あの人は今——2018年度宅建合格2年生のその後は？

さて、前回の有明日記その6では、2018年（平成30年）3月に卒業した法律学科1期生で、法科大学院に進学した諸君が、初めての司法試験に臨み、3名中2名がストレートで合格したことや、2020年度は、法学部法律学科完成年度（開設4年目）に入ってきた、我々が「パイロット・エイジ」と呼んで指導してきた諸君が4年生になり、法科大学院入試で、史上最高の合格者数をたたき出してくれたことなどをお伝えしましたが、下の写真をごら

んください。2018年度の宅地建物取引士試験に2年生で合格した8名の諸君（つまり上記の2021年3月卒業の「パイロットエイジ」の諸君です）の、民法の教室における表彰式の風景です。この人たちの中から、3名の上記法科大学院進学者が出ました（慶應1名、早稲田1名、中央1名）。またその他の諸君も、不動産関係等に希望通りの進路を得ています。ことに、この学年の就職組は、全国で多くの学生諸君が新型コロナウィルスの蔓延によって不自由な就職活動を強いられたのですが、写真の中の、大手不動産販売会社に就職したM君の場合は、3年生を終える段階、つまり2020年の春休みに入ったところで内定が出たので、コロナ蔓延の前に就職活動が終えられたということです。やはり、資格は人生設計に役立つのですね。

「法律を学んで人生を変える!」——コロナをどう克服するか

もちろん、わが法律学科では、さまざまな資格試験を突破させることが教育の第一の目的ではありません。開設以来、「マジョリティのための法学教育」を標榜して、いたずらに学説などを覚えさせるのではなく、このルールは誰の何のためにあるのか、こういうルールがないと人はどう困ってどう行動してしまうのか、を学ばせる、「ルール創り教育」に力を入れてきました。そして、各自の目的に沿って、法律の学びを生かして進路を切り拓いて行くことを教えてきたのです。法律学科のモットーは、「法律を楽しく学んで人生を変える」です。資格試験も、その進路を選ぶために活用すればよいのです。

それで、問題はここからです。せっかくしっかりと上昇気流に乗せて、7期生を2020年4月に迎えたところで、新型コロナの蔓延で、昨年1年間、そして今年2021年度前期は、ほとんどがZoomなどによる遠隔授業になりました。昨年、7期生として法律学科に入った1年生諸君には、友人との交流など、期待していた大学生活が送れず、さぞつらいこともあったかと思います。そして8期生（第二次パイロットエイジです）が入学し、現在に至っています。

ではどうやって彼らの教育を充実させることができるか。私は、逆にこの遠隔授業だからこそできることをして、対面授業では得られない付加価値をつけるべきと考えました。その一つが、前期の大学院法学研究科と法律学科の合同授業なのです。Zoom授業の場合には、対面と違って教室の規模による収容人数の制限がほぼなくなり、複数学年の同時視聴が可能になるのです。オンデマンドで好きな時に視聴できるやり方は、繰り返して何度も学べるという利点はありますが、同時性、共時性という点では、Zoom授業に劣ります。ゼミなどは対面に戻しやすいのですが、大教室の遠隔授業でも、各教員が状況に応じて最適な教育効果の上がる授業方法を模索・選択すべきでしょう。また、本学でも実施しているワクチン接種がいきわたれば、冒頭の写真のような大教室対面授業も復活できる日がくると思いますが、私は、教室人数を減らし、対面と遠隔のハイフレックスで授業を行う準備もしています。

先輩が後輩を教える場面を作る

もうひとつ、武蔵野の各学部・学科では、1年生の補習授業というものが実施されています。しかし、その中で、「先輩が後輩を教える」形を模索して実現しているのは、おそらく法律学科だけのようです。つまり、1年生の法律必修科目について、理解を深め、留年者を減らす等の目的で前期の終わりと後期の初めに実施されている補習授業なのですが、昨年から法律では、（法科大学院修了者など）その年の司法試験を受け終わった法律学科卒業生にこの補習授業の講師を依頼しているのです。こうして、先輩に教わって力をつけたから、今度は自分が後輩に、というシステムを確立させたいのです。というのも、法律学は何より人と人のコミュニケーションの学問だからなのです。

同様の趣旨で、２０２1年度後期の法学研究科の法律学科への特別公開授業は、まず２０２1年9月25日に「起業ビジネス法務総合」で、卒業生で起業家の野村泰暉君にお願いしました。かつて有明日記では、「さらに、わが法律学科は、法曹や公務員など、既存の社会の仕組みを支えていく人たちを輩出するだけではありません。独自の感性で想像力（イマジネーション）と創造力（クリエイティビティ）を磨いて、新しい仕事を開発していく、起業家志向の学生も育てたいのです」と書きましたが、それを実現してくれた第1号が野村君なのです。

勿論、こういう連環を続けて行くためには、毎年、講師になれる適格者を輩出しなければいけません。一定数の法科大学院進学者や起業志望者を育成し続けなければならないのです。ただそれが教員の努力目標になるのであれば、これも結構なことと考えるわけです。

新しい法学部・法学研究科の教育とは――「規範的判断力」の涵養

現代は、「情報社会」を通り越した「知識社会」と言われています（Society5.0「超スマート社会」の考え方を調べてみてください）。そうすると、法学部教育も、二つの面で変わらなければいけないと考えられます。一つは、「文理融合」という言葉に示されるように、法律学が、文系の、しかも法律解釈という狭い領域を教えるだけのものでは足りないということです（したがって、前掲の野村君の講演タイトルは、「理系×法律学科で学んだ私の目標、スタートアップを軸に社会課題を解決する」なのです）。世の中の動きを理解する広い知識をもって、人々が幸福になれるルールを作る力をつける、そういう教育が今こそ必要なのです。第二点は、経団連と大学人で作った上記Society5.0の研究会が示した、「規範的判断力」の強化を、法学部と大学院法学研究科が担うということなのです。その研究会は、これからは大学院教育が必須であるとし、かつ文系の教育の質保証を求めて、望ましい社会のありかた、社会における公正、などを考えられる「規範的判断力」が重要だと指摘しました。これこそが武蔵野の法律学科と大学院法学研究科の目指すものなのです。

ピンチをチャンスに変える、立ち位置を変える

以上のように、我々の目指している方向は、現代の世の中が必要とし、望んでいる方向と合致しています。そして、私がいつも申し上げるように、武蔵野大学法学部法律学科は、人生を変えられるところ、ピンチをチャンスに変えられるところ、そして高校時代の君の立ち位置をいっぺんに変えられるところです。ただしそれも君の意欲次第です。ただ待っていてもチャンスはつかめません。今、チャンスをつかみに行動したい君、「楽しく学んで人生を変える」をモットーとする武蔵野・法にぜひ来てください。

SDGsやESGを意識した「ルール創り教育」の展開

——大学院法学研究科と法学部法律学科の共同授業など

（「有明日記」その8、2021年9月掲載）

お待たせしました、有明日記の更新です。「新世代法学部」を標榜して2014年に誕生した本学の法学部は、完成年度入学の4期生が2021年3月に卒業し、史上最高の成果を残してくれました。さらに1期生の卒業生たちの華々しい成果もありました。一方、大学院法学研究科ビジネス法務専攻は、2018年4月からまず修士課程を開き、2021年4月からは博士後期課程も開設しました。

法学部から大学院法学研究科博士課程まで整った本学では、早速、2021年度から多彩なゲストスピーカーを招いて、法学研究科と法律学科の共同授業を複数回開始し、SDGsやESGを取り込んだ、「新しいルール創り教育」の実践を始めています。

本稿はその御報告になります。また大学院のほうでは、その「新しい法学教育」を実現させる有力な方法として、社会構想大学院大学とタイアップして、実務家教員を養成する「実務家教員COEプロジェクト」を2019年度から遂行中です。さらに、科目等履修生制度に力を入れ、そのうちの一部には、法律学科4年生が奨学金を得て大学院の科目を履修できる制度も創設されています。2022年度授業の開始に際して、常に一歩先を目指している法律学科と法学研究科の最新情報をお伝えします。ぜひこれまでの有明日記と合わせてお読みください。

時代のトレンドと武蔵野・法の教育コンセプト

今回は、大学院志願者や学部受験生の保護者の方々を対象に、少しレベルの高いお話をしたいと思います（これまでの法律学科と大学院法学研究科の歩みについては、ぜひ前回の有明日記7をお読みいただけますと幸いです）。

なぜ武蔵野・法では、「ルール創り教育」をしているのか、なぜ武蔵野・法では「起業」の科目を置いているのか（大学院に「起業ビジネス法務総合」を置いて、法律学科４年生にも科目等履修生として学べるようにしています）、なぜ武蔵野法学研究科では「実務家教員」を養成しようとしているのか、がすべてつながるお話です。

(1) 高度知識社会

前回、現代は、「情報社会」を通り越した「高度知識社会」だということを書きました（政府が言うSociety5.0「超スマート社会」の考え方です）。そこでは、人はある意味では学び続けないと生きていけません。つまり、新しい知識が次々と必要になってくる中で、学ぶことと生きることがイコールで結ばれる時代が到来しているのです。そこから、社会人の学び直し（リカレント、リスキリング）教育の必要性も言われるわけです。

そうすると、この「高度知識社会」の法学部・法科大学院教育は、どう変わらなければならないか。考えてみてください。進展の速い時代には、当然、法律も以前よりも変わるスピードが速くなります。それだけでなく、新しいルール、新しい法律を制定する必要がどんどん大きくなってくるわけです。

(2) 想像力と創造力

ひと昔前の法学部生は、長い間机に向かって、権威とされる学者の本を読み込み、覚えたことを答案に再現できる学生が優秀とされたのです。しかし、現代では、それだけの学生はあまり役に立ちません。そうではなくて、時代の新しいニーズに応えて適切なルールを創り出せる人材が求められているのです。

つまり、学んだことの正確な再現の能力よりも（それもある程度は必要なのですが）、時代のニーズに対応できる「想像力」と「創造力」が求められるのです。私は、もう20年以上前から、法律の学生に一番足りないのが想像力（イマジネーション）と創造力（クリエイティビティ）であると論じてきましたが、まさにそういう時代が到来しているのです。

（3）行動立法学とルール創り教育

そうであれば、法律の条文を覚えたり、学説を暗記したりなどという学習よりも、このルール（法文）は何のための、誰のためのルールで、それがないと人はどう困るのか、どう行動してしまうのか、という観点からの学びをしっかり身に付けて（池田「行動立法学序説」〈注1〉参照）、自分が卒業して入って行く社会の構成員をより幸福にできるルールの創り方を学ぶことが大切になるのは当然なのです。

（4）起業を学ぶ意味

そしてそういう能力を培うためには、「想像力」と「創造力」の涵養が必要なので、たとえば「起業」の勉強をするのは、まさにそういう力を養うのに適切なのです。前述の「起業ビジネス法務総合」では、会社作りに関係する法律を学ぶだけでなく、起業家の客員教授の指導も含めて、実際に会社を作るためにたとえば地方公共団体に補助金を申請する申請書を作り、我々担当教員を仮装投資家としてプレゼンテーションをするところまで行ってもらいます。

（5）実務家教員の必要性と有用性

このように考えてくると、学生側に必要な資質・能力が変わってくるのと同様に、教える教員の側にも求められる能力が変わってくることがわかります。つまり、これまでの法律学とその教育は、学説偏重の傾向がありました。いわゆる条文解釈学が幅を利かせていたのですが、ルールをどう解釈するかも重要ではあるのですが、問題は現実の社会生活の中で、そのルールをどう使ってどう紛争を解決するか、あるいは紛争になる前にどう予防するか、さらにはルールのない問題にどう対処するか、などというところにあるはずです。それであれば、学理的な研究（その必要性も否定はされませんが）だけでなく、実際の取引や紛争解決に関与してきた経験の豊富な、実務家教員の重要性が増してくることは当然と理解されるでしょう。

(6) 時代のトレンドと武蔵野の法学教育

このようにして、学部法律学科のルール創り教育と、大学院ビジネス法務専攻の開設、そこでの実務家教員養成、さらに起業家養成授業は、すべてつながるわけです。武蔵野の法律学科・法学研究科のコンセプトが時代のトレンドに即していることをご理解いただけたかと思います。

SDGs・ESGと法律学科・大学院法学研究科共通授業

では、我々は具体的に以上のコンセプトをどう実践しようとしているのか。教育は実践です。実践して、結果につなげなければ評価されないのです。法律学科の、司法試験や難関資格試験の合格実績については、前回までの有明日記を参照していただくとして（なお、2021年度には、新たに不動産鑑定士試験にも合格者を出しました）、ここでは2021年度後期までに複数回行った、新しい試みについて御報告しましょう。それが、前回も少し触れた、SDGs・ESGを意識した、法律学科と法学研究科の共通授業の展開なのです。

2021年度には、SDGsやESGに関係する、法学研究科と法律学科の合同特別授業を合計3回にわたって実施しました（法学研究科は、その実績にもとづいて、SDGs実行宣言を6月に発出しました）。5月に法律学科・法学研究科合同SDGs関係特別授業「SDGsとESGを学ぶ」を開催し、6月には、ダイハツ工業の方に法律学科・法学研究科合同ESG関係特別授業「自動車メーカーの地域貢献——ダイハツ工業の場合」という講演をしていただき、さらに12月には、日本経済新聞社の方にやはり法律学科・法学研究科合同授業として「法律の学生における新聞情報の重要性――ことに日本経済新聞の場合」という講演をしていただきました。これらは、いわゆる法律学の専門科目の授業のように、入門から専門へという積み上げをしていくものではありませんので、学部の1年生から大学院生までが、同じ講演でもそれぞれレベルの異なった理解と気づきを得られるものです。それで、コロナ禍の中でもZoomでの遠隔授業を採用することによって、対面の場合の教室定員の制約なく、大人数で受講してもらえたわけです。

SDGsに関しては、武蔵野大学全体が重点テーマとしているのですが、法学研究科と法律学科では、それに加えてESGの観点が必須となります。企業において配慮すべき環境、社会、ガバナンスの問題ですが、ここに他学部他学科にない特徴があることになります。

「科目等履修生」の募集――知のカフェテリアへようこそ

上に述べたように、学ぶことと生きることがイコールになる時代です。そして武蔵野の大学院法学研究科は、国立・私立の著名教授や、4大とも5大とも呼ばれる法律事務所の第一線の弁護士教員などをスタッフに擁しています。ですから、法学研究科で学びたいが大学院の正規生となるのが負担という人については、1科目、2科目の科目等履修生という制度があり、法学研究科ではこれに力を入れています。これまでは年2回、前後期の募集をしていたのですが、本学は4学期制を取っているので、より多くの方々の応募ができるよう、2022年度からは、3月募集、5月募集、9月募集という3回の募集をすることにしました。社会人や他大学の大学院生などの場合は、原則書類選考で採用致します。冒頭にも書きましたように、教員との合意でオンライン受講もできます。また、前回にも書きました、2020年度から開始している、法律学科4年生が、しかも（人数に限りがありますが）2科目程度の法学研究科の授業を科目等履修生として（しかも奨学金を得て）聴けるという、「科目等履修生」＋「ABC奨学金」の制度を始めました。ABCはAriake Business Challengersの略です。もちろんこちらは面接等による選抜があります（学部4年生が履修した場合も、成績証明書に成績が付きますし、本学の法学研究科に進学した場合は履修済み科目としてカウントされます）。

「人的資本投資」に対応できるビジネス法務教育の探求

最近、「人的資本投資」という言葉が使われるようになりました。かつて私が省庁の審議会でご一緒したことのある東京大学の柳川範之教授は、その理由として、①技術革新や環境変化によって、リカレント（学び直し）教育などスキルアップの必要性を多くの人が感じるようになったこと、②今後イノベーション（技術革新）を生み出すために、新しいアイディアを出すことができる、人の能力を高めることの重要性が認識されてきたこと、を挙げておられます（柳川範之「人間中心の人的資本投資を」日本経済新聞2022年3月15日）。本稿をここまでお読みになった皆さんは、私の述べてきたところがまさにこの人的資本投資につながることをご理解いただけると思います。そして柳川教授は、企業の中で人を人的資本として認識しそこへの投資を考えるのがこれまでの考え方だったが、これからは個人を主語にして投資を考える必要性が出てくる、と説いておられます。「個人が主体的に、必要な人的投資を行っていくことが重要になる」と言われるのです。つまり、人々は自らを成長させ心身の健康や幸福（ウエルビーイング）を得るために、適切な投資をすること、そしてその効用を社会全体で測定・評価することが大切になるわけです。

それを私の立場で受け止め、表現し直すならば、新時代の法学教育、ことにビジネス法務教育は、そのような社会全体の要請に適切に応えるものでなければならないことになります。武蔵野大学の法律学科・大学院法学研究科の教育は、これまでもそしてこれからも、そういう意識と使命感を持って、構築し展開していくものとしたい。これが、２０２２年度の学年開始にあたっての、法学研究科長としての意思表明です。

実務家教員養成プロジェクトの成果について

最後に、本学法学研究所（法律学科と大学院法学研究科を所轄）で２０１９年度から実施している、「実務家教員ＣＯＥプロジェクト」については、報告書に相当するものとして、池田眞朗編著『アイディアレポート　ビジネス法務教育と実務家教員の養成』（２０２１年３月末出版）と、この２０２２年３月末に公刊される続編、池田眞朗編著『実践・展開編　ビジネス法務教育と実務家教員の養成２』があります（いずれも発行は武蔵野大学法学研究所、（株）創文扱い）。続編の『実践・展開編』の中では、法学研究科の「ビジネス法務専門教育教授法」という科目の紹介や、受講生の報告論考、実務家教員の使用に適した教材の開発等が掲載され、さらに西本学長の講演や小西副学長との対談等も収録されています。関心のある方はご参考にしてください。

〈注１〉池田眞朗「行動立法学序説――民法改正を検証する新時代の民法学の提唱」法学研究（慶應義塾大学）93巻7号（２０２０年）57頁以下。

大学院法学研究科の成果と法律学科の「第二次発展計画」
――「アフターコロナ」の再飛躍を目指して
（「有明日記」その9、2023年7月掲載）

この写真は、2015年の武蔵野大学法学部法律学科の民法の授業風景です。全国の法学部でも類例のなかった「大教室双方向授業」を実践しているところです（この学年からはすでに3名の弁護士が誕生しています!）。そして私たちは、2020年度からのコロナ禍におけるZoomオンライン授業でも、この「大教室双方向授業」の実現に努力してきましたが、やはりオンラインでは作り出せない「その場の雰囲気」と「すべての出席学生の集中力の向上」というものがあります。それが、対面授業全面再開が実現した2023年4月から久しぶりに戻ってきました!

また、大学院法学研究科は、「ビジネスマッチング方式」による、教員・院生の合意による遠隔・対面授業の選択を継続しています。法学研究科では、今後もこの方式を、新型コロナの収束の有無にかかわらず継続採用します。したがって、法学研究科では、学部から入学した院生は対面で、業務のある社会人は遠隔で、というハイフレックス授業も始まっています。学部も、大学院も、「アフターコロナ」の飛躍を目指す日々が始まりました。2021年度から取り組んでいる、SDGsやESGを取り込んだ、「新しいルール創り教育」の実践も成果が形になり始めています。

大変お待たせしました、有明日記の一年以上たっての更新です。ようやく、法律学科には「法律学科らしさ」が戻り、大学院法学研究科は、法学研究所叢書を発刊するなど、成果を世に送る、充実の時を迎えました。ただし、法律学科は、この機会に原点に立ち返って、第二次発展計画を立てました。

「新世代法学部」を標榜して2014年に誕生した本学の法学部は、完成年度入学の4期生が2021年3月に卒業し、一橋、慶應、早稲田、中央などの法科大学院に延べ26名合格という、史上最高の成果を残してくれました。1期生、2期生、3期生からはすでに5名の司法試験合格者が誕生していましたが、さらに本章初出HP掲載後の発表で4期生がストレートで5名合格、一挙に合格者は10名になりました（2024年8月現在で、3期生までの5名は弁護士業務を開始し、4期生5名は修習中です）。

一方、大学院法学研究科ビジネス法務専攻は、2018年4月からまず修士課程を開き、2021年4月からは博士後期課程も開設しました。本年20

23年度は博士課程の完成年度になりますが、幸い博士後期課程も、実務家教員養成をうたっていることもあって毎年複数の受験者があり、現在3年間で5名の在籍者となっています。

前回の有明日記に既報のように、法学部から大学院法学研究科博士課程まで整った本学では、2021年度から多彩なゲストスピーカーを招いて、法学研究科と法律学科の共同授業を複数回開始し、SDGsやESGを取り込んだ、「新しいルール創り教育」の実践を始めています。また大学院のほうでは、その「新しい法学教育」を実現させる有力な方法として、社会構想大学院大学とタイアップして、実務家教員を養成する「実務家教員COEプロジェクト」を2019年度から遂行中です。さらに、科目等履修生制度に力を入れ、そのうちの一部には、法律学科4年生が奨学金を得て大学院の科目を履修できる制度も創設されています。

2023年度のアフターコロナの授業の開始に際して、常に一歩先を目指している法律学科と法学研究科の最新情報をお伝えします。ぜひこれまでの有明日記と合わせてお読みください。

法律学科のLSSP（第二次発展計画）について

世の中は、急激な変革の時代に入りました。今日は、端的に、武蔵野大学法学法律学科の最発展のための計画と、法学研究科の研究の進展のご報告をします（これまでの法律学科と大学院法学研究科の歩みについては、ぜひ前回の有明日記8までをお読みいただけますと幸いです）。

武蔵野・法では、この機会に反省をしました。一つには、開設当初に目指した「マジョリティのための法学教育」が、法科大学院合格や宅建合格などの指標を追っているうちに、その分野ではかなりの成果を上げたものの、理想を追いすぎて、教育レベル設定が高くなりすぎたのではないか、という反省です。

それぞれの異なる目標を持った、多様な学生諸君が、皆、「楽しく学んで人生を変える」実感を、それぞれの形で実現して、武蔵野・法に来てよかった、と思って卒業してくれることが最大の目標であることを再確認したいと思います。高等学校の進路指導の先生方に、信頼していただいて、良い生徒を送っていただけることが最大の目標であることを再確認したいと思います。

私は、法律学科の専任教員に対して、LSSP（LはLawで、SSPはSecond Step Planです）を提案しました。入学後の学習の指導もこれまで以上に細やかに行って、一人ひとりの学生が充実感、満足感を持って卒業まで漕ぎつけられる、という教育こそが、サステナブルな教育であると思います。そのうえで、法科大学院合格などのいわば「偏差値以上」の実績が維持できるというのが、オンリーワンでナンバーワンを目指す、武蔵野・法の真価となるべきでしょう。

そのうえで、武蔵野・法が求める人材を再度書いておきます。

(1) 世の中の動きに敏感な人

法律は、世の人々を幸福に導く学問です。ですから、世の中の動きに関心を持てない人は、法律学を学んでも伸びません。ことに、この進展の速い時代には、当然、法律も以前よりも変わるスピードが速くなります。それだけ、新しいルール、新しい法律を制定する必要が、また市民同士でも新しい契約（これもルールです）を考えだしていく必要が、どんどん大きくなってくるわけです。

(2) 想像力と創造力のある人

ひと昔前の法学部生は、長い間机に向かって、権威とされる学者の本を読み込み、覚えたことを答案に再現できる学生が優秀とされたのです。しかし、現代では、それだけの学生はあまり役に立ちません。そうではなくて、時代の新しいニーズに応えて適切なルールを創り出せる人材が求められているのです。つまり、学んだことの正確な再現の能力よりも（それもある程度は必要なのですが）、時代のニーズに対応できる「想像力」と「創造力」が求められるのです。私は、もう20年以上前から、法律の学生に一番足りないのが想像力（イマジネーション）と創造力（クリエイティビティ）であると論じてきましたが、まさにそういう時代が到来しているのです。

(3)「ルール創り教育」の重要性を理解してくれる人

そうであれば、法律の条文を覚えたり、学説を暗記したりなどという学習よりも、このルール（法文）は何のための、誰のためのルールで、それがないと人はどう困るのか、どう行動してしまうのか、という観点からの学びをしっかり身に付けて（池田「行動立法学序説」参照）、自分が卒業して入って行く社会の構成員をより幸福にできるルールの創り方を学ぶことが大切になるのは当然なのです。

(4) 英語力を伸ばす気持ちのある人

そして最後は、この「英語力」のお話です。法律は日本語ができればいいのだと思っている人がいれば、それは間違いです。英語力は、就職一般に必要なだけでなく、公務員試験も最近は「英語加算」といって、TOEICなどのスコアが良い人はそれが試験に加算されるのです。法科大学院入試でも、英語加算があります。つまり、法律を専門として就職するのにも、資格試験等を受けるのにも、英語は必要なのです。受験段階で英語力が高いことがもちろん一番いいのですが、武蔵野大学には、年に数回、TOEICの受験料を補助する制度があり、全学部学科の中で、この制度を使ってのTOEIC受験を最も推奨し、一番多くの学生が受験しているのが法律学科なのです。

以上、武蔵野の法律学科は、「目標」を持って入学する人には、それを支援する仕組みが整っています。ぜひ、「夢」や「目標」を持っている人の受験を期待しています。

大学院法学研究科（ビジネス法務専攻）の研究成果

一方、大学院法学研究科修士課程・後期博士課程

は、充実の時を迎えています。２０２３年３月には、武蔵野大学法学研究所叢書第１巻として、一部学外の弁護士さんなどの寄稿も加えて、13本の論文を掲載した、池田眞朗編『ＳＤＧｓ・ＥＳＧとビジネス法務学』（武蔵野大学出版会）を上梓しました。現代の喫緊の課題にいち早く取り組んだ論文集として、他大学や著名弁護士事務所等からも注目されています。

さらに、２０２３年７月末には、武蔵野大学法学研究所叢書第２巻として、２０２３年２月末に本学で実施したシンポジウムの収録を中心とした、池田眞朗編『検討！ＡＢＬと事業成長担保権』（武蔵野大学出版会）を出版しました。こちらは現在わが国の民事法学者やビジネス法務の関係者の最大とも言っていい関心事である、担保法制の改正に関する議論をまとめたもので、収録されているシンポジウムは、金融庁、経済産業省、財務省近畿財務局の方々の報告に、学者や弁護士の報告や論稿を加えたもので、このような顔ぶれでの「ビジネス法務学」研究の実践は、日本では他に類を見ないものとなりました。

武蔵野大学大学院法学研究科ビジネス法務専攻は、金融・担保関係、ＳＤＧｓ・ＥＳＧ関係、高齢者法関係（２０２３年９月刊行の武蔵野法学19号に同年３月実施のシンポジウムが収録されます）の３点を重点研究ポイントとしてきましたが、これらについて、武蔵野の大学院法学研究科がわが国の研究拠点として着実に認識されるようになりつつあります。

大学院法学研究科の先進的な試み

その他、わが大学院法学研究科の先進的な試みとしての、実務家教員の養成プロジェクト、科目等履修生の積極的な募集（ことに起業ビジネス法務総合）と法律学科４年生の奨学金（授業料相当）を得ての大学院科目履修、ビジネスマッチング方式での履修方法の選択（教員と院生の合意で遠隔授業等を選べる）、などについては、これまでの有明日記をお読みください。

法学部11年目のバトンタッチ――「オンリーワンでナンバーワン」を目指して

（「有明日記」その10、2024年5月掲載）

武蔵野大学法学部は、2014年の創設以来、11年目の春を迎えました。「マジョリティのための法学部教育」を標榜し、「大教室双方向授業」を実践し、「楽しく学んで人生を変える」をキャッチコピーとして、「ルールを創れる人を育てる」ために頑張ってきました。資格試験以外にも広く民間就職や公務員という進路もサポートしてきましたが、幸い司法試験などの難関試験にも相当数の合格者を輩出しています。

また、大学院法学研究科は、ビジネス法務専攻として、2018年に修士課程を、2021年に博士後期課程を開設し、こちらは「ビジネスマッチング方式」という、教員・院生の合意による遠隔・対面授業の選択可能システムを採用しています。したがって、法学研究科では、学部から入学した院生は対面で、業務のある社会人や遠隔地在住者は遠隔で、というハイフレックス授業も行われています。

学部も、大学院も、「アフターコロナ」の再飛躍を目指す日々が始まっています。法学部では、2021年度から取り組んでいる、SDGsやESGを取り込んだ、「新しいルール創り教育」の実践も成果が形になり始めています。また大学院法学研究科では、法律学を超えた、新しい「ビジネス法務学」の確立に取り組んでいます。

人生を変えるのは君自身の力です

さあ、「有明日記」最終回のお届けです。「新世代法学部」で「楽しく学んで人生を変える」。これが、ただのキャッチコピーではないことを証明しようと、10年間やってきました。すでにこの「有明日記」のバックナンバーで、司法試験合格者数などの実績をお伝えしましたが、人生の目標は難関資格試験を突破するだけにあるのではありません。それぞれの人に、それぞれの達成したい目標があります。教員として一番うれしいのは、3月の卒業式の日に、「先生、本当に人生変わりました！」と言ってくれる学生諸君が多数いることなのですが、これから武蔵野・法を受験しようとする皆さんに、これだけはお伝えしておきたいことがあります。

「本当に人生変わりました！」と報告してくれる人は、経験上全員が、学業だけでなく、友達作りにも、あるいは必要に迫られてのアルバイトとの両立などにも、懸命に努力した人たちなのです。どこかの大学に入れば人生の成功が約束されるわけでは決してありません。結局頼れるのは自分自身だけなのです。ただ、武蔵野・法は、しっかりした人生の目標を持っている人には、その目標達成のためのできるだけのサポートをし、おぜん立てをしたい。そう思って努力してきました。

結局は君たち自身の努力、という好例を上げておきましょう。2017年度入学の4期生は、一橋、慶應、早稲田、中央などの法科大学院に延べ26名合格という、法科大学院進学では学部史上最高の成果を残してくれたのですが、この学年は、1期生から力を入れて指導してきた、大教室などでも「席は一番前から座る」を非常によく実践してくれた学年なのです。その受講姿勢が結果につながるのです。ただその後コロナ禍で対面授業が激減したため、その「伝統」が一時潰えたのですが、今年2024年5月の、3年生対象の「企業エクスターンシップ」(当日の講演者は鹿島建設相談役（前副社長）で本学客員教授の渥美直紀先生）を参観したところ、学生諸君は一列目からびっしり着席してくれていました。「伝統」の復活です。これなら大丈夫、と私は思いました。

11年目のバトンタッチ――素晴らしい後継者のご紹介

私は、2014年開設の法学部について、ことにその法律学科について、カリキュラム作成やスタッフ集めのすべてを、当時の寺崎修学長からお任せいただき、担当しました。その後、大学院法学研究科をビジネス法務専攻として作り、2018年4月からまず修士課程を開き、2021年4月からは博士後期課程も開設しました。2023年度が博士後期課程の完成年度で、そこまで見届けての退職となりました。幸い博士後期課程も、実務家教員養成をうたってきたこともあって毎年複数の受験者があり、現在博士後期課程だけで留学生を含めて5名の在籍者となっています。修士課程生は、当初のプラン通り、学部からの入学者と、社会人、留学生の三つのカテゴリーからバランスよく在籍しています。こうして10年で、法学部と大学院法学研究科が完成したわけです。

退職する私にとって一番うれしかったことは、素晴らしい後継者に恵まれたことです。慶應義塾大学大学院法務研究科（法科大学院）教授で、以前同校の法科大学院長もなさり、昨年2023年6月まではわが国の法科大学院協会の理事長までされていた、片山直也先生にバトンを渡すことができたのです。片山先生は、私と同じ民法債権法、さらに担保法をご専門とされている、現在の日本の民法学界を代表する学者で、詐害行為取消権という分野について大部の研究書複数冊を出版されているだけでなく、多数の教科書も執筆されています。先生には、私がこれまで務めてきた、法学部長、大学院法学研究科長、法学研究所長の三つの職を兼ねていただくことになりました。

実は片山先生は、私の慶應義塾大学でのゼミの教え子で、まさに一番弟子にあたる方なのですが、あとを引き継いでくださることは本当に感謝に堪えないことで、大学の教育者としての幸福をかみしめています。片山先生には、これまでの武蔵野・法のコンセプトをご理解いただいたうえで、どうぞご自由に腕をふるっていただき、さらなるイノベーションを加えていっていただければと願っております。

またこの機会に、2020年4月から2024年4月まで法学部長を継いでくださった竹之内一幸教授（行政法）と、2020年から法律学科長となりそのまま片山先生をサポートしてくださることになった鈴木清貴法律学科長（民法）にも、心からの感謝を申し上げます。そして、10年にわたって私を支え、協力してくださった法律学科スタッフ全員の皆さん、素晴らしいチームでした。新しいリーダーの下、さらなる発展を続けてください。

退職にあたって——大学院の成果物のご紹介

私は、2020年春に3年間務めた副学長を退いて、以後大学院の強化に努めてきました。大学院は、研究機関ですから、当然その研究成果を世に問う形で発表して行かなければなりません。

有明日記その9に掲げましたように、2022年度から、法学研究所叢書の出版を開始し、2023年3月には、武蔵野大学法学研究所叢書第1巻として、一部学外の弁護士さんなどの寄稿も加えて、13本の論文を掲載した、池田眞朗編『SDGs・ESGとビジネス法務学』（武蔵野大学出版会）を上梓しました。現代の喫緊の課題にいち早く取り組んだ論文集として、他大学や著名弁護士事務所等からも注目されています。次いで2023年度分は、同年7月末に、武蔵野大学法学研究所叢書第2巻として、池田眞朗編著『検討！ABLと事業成長担保権』（武蔵野大学出版会）を出版しました。こちらは現在わが国の民事法学者やビジネス法務の関係者の最大とも言っていい関心事である、担保法制の改正に関する議論をまとめたもので、収録されているシンポジウムは、金融庁、経済産業省、財務省近畿財務局の方々の報告に、学者や弁護士の報告や論稿を加えたもので、このような顔ぶれでの「ビジネス法務学」研究の実践は、日本では他に類を見ないものとなりました。本書では、本学ご就任前の片山先生にもコメントや論文をいただいています。

武蔵野大学大学院法学研究科ビジネス法務専攻は、金融・担保関係、SDGs・ESG関係、高齢者法関係（これについては2023年9月刊行の武蔵野法学19号に同年3月実施のシンポジウムを再現収録しました）の3テーマを重点研究ポイントとしてきましたが、これらについて、武蔵野の大学院法学研究科がわが国の研究拠点として着実に認識されるようになりつつあります。

さらに2024年度分は、2024年5月に、武蔵野大学法学研究所叢書第3巻として、2023年11月に本学で実施したシンポジウムの収録を中心とした、池田眞朗編『日本はなぜいつまでも女性活躍後進国なのか』（武蔵野大学出版会）を出版したところです。これは、私の提唱する「ビジネス法務学」（法律学よりも広い、法律学や経済学、経営学、会計学等をつなぐハブの位置に来る新しい学問とお考えください）の実践として、研究者や弁護士以外の実業活動をしておられる方々にも登壇・寄稿していただいたものです。これが新たに武蔵野大学法学研究科独自の研究業績として社会的に評価を受けることが期待されています。

もう一つ、本学法学研究所と大学院法学研究科は、文部科学省の資金を得て、2019年度から2023年度までの5年間、実務家教員養成のプロジェクトに参加してきました。これについても、2024年3月のプロジェクト完了にあたり、報告書総集編に当たる書籍、池田編著『実務家教員の養成――ビジネス法務教育からの展開』（武蔵野大学法学研究所、創文発売）を出版しました。大学院に「ビジネス法務専門教育教授法」という科目を開設して養成教育にあたりましたが、そのプロセスで上記の「ビジネス法務学」（企業や金融機関の利益や法的ノウハウを超えた、人間社会の持続可能性を第一義に考える新しい学問）の構築が進んだという経緯があります。

読者の皆さんへのメッセージ

現代は、一方で急速な技術革新が進み、他方で地球温暖化（沸騰化とも称されます）が止まらない、100年に一度と言われる大きな変革の時代です。この時代に生き残っていくためには、大学も、そして皆さんお一人おひとりも、「オンリーワンでナンバーワン」といえる強みと個性を持たなければいけないと思います。どうぞ皆さんご自身も、それを探してください。なかなか見つからない、という場合も多いでしょうが、一つだけの美点ではそうは言えなくても、複数の美点をお一人で持つことによってオンリーワンと言えるという、「ハイブリッドオンリーワン」でも結構です。そういうことを私は有明での最終講義の結びに申し上げました。

少なくとも、武蔵野大学法学部法律学科を作り、大学院法学研究科を作った人間が、教壇からの最後のメッセージとして、「皆さん、やっぱり、オンリーワンでナンバーワンを目指してください」と述べていたことを、どこかにご記憶いただければ、そしてそういう記憶を持った教員・学生の皆さんにここ有明の地に集っていただければ、大変うれしいと思います。「有明日記」、最後までお読みいただいて、ありがとうございました。

500名収容の有明3号館大講義室をほぼ満員にした、池田眞朗教授の武蔵野大学最終講義（2024年2月3日）

第Ⅴ部　基礎理論編

──明治初年からの法学教育史に学ぶ

日本法学教育史再考——新世代法学部教育の探求のために

1　問題の所在と本稿のねらい

現代の法学教育、ことに大学法学部教育は、根本的に再考すべき時期に来ているのではないか。つまり、法学部生の総数の九割以上が法曹やキャリア国家公務員にならない(1)という現実に正しく対応した「多数派法学部生のための教育」が行われなければならないはずであるのに、現実はそれとは相当乖離しているのではないか。また法科大学院進学準備とは切り離された形の、独自の法学部「専門」教育が探求されるべきなのに、そのようなアプローチは非常に希薄なのではないか。筆者は、このような問題意識のもとに、2016年1月から、雑誌連載の形式で、「新世代法学部教育の実践——今、日本の法学教育に求められるもの」と題する論考を発表してきた(2)。そしてそこでは、日本における法学教育が、まさに法曹と官僚の養成から始まり、かつそれ以外の独自性を持った法学教育はほとんど見られなかったことを、非常に概括的な形ではあるが指摘した。

本稿は、それをより詳細に論証して、現代の法学教育ないし「法学部教育」のあり方を考える、基礎資料を提示しようとするものである（なお、わが国では相当数の法学部が法律学科と政治学科を有していることは周知のとおりであるが、本稿で「法学部」と称する際には、基本的に法律学科を念頭に置き、政治学科についてはとりあえず別論とすることをお断りしておきたい[3]）。

2　揺籃期の日本の法学教育と法曹・官僚養成

法学教育事始――司法省法学校

わが国の法学教育の歴史は、明治5（1872）年の司法省明法寮での教育に始まる[4]。この明法寮は、明治4年9月27日の太政官達をもって、司法省内に設置されたもので、その設置の趣旨は、司法省から太政官に提出された同年8月27日付の伺にある通り[5]、司法官となるべき法律家を養成して全国に配置することを目的として発足したものである。この明法寮がその後いわゆる司法省法学校となるわけである[6]。この明法寮から司法省法学校にかけての歴史的経緯は、すでに手塚豊博士が「司法省法学校小史[7]」をはじめとする一連の研究によって詳細に紹介している（手塚豊著作集第9巻『明治法学教育史の研究[8]』に収録されている）。そこで本稿ではまずその業績を追いながら、筆者の問題意識を跡付けていきたい（以下手塚博士の論考は、原則として上記著作集の頁で引用する）。

その司法省での法律専門家の養成は、最初、お雇い外国人のジョルジュ・ブスケ（Georges Hiliaire Bousquet 仏国弁護士、明治5年2月来日）やアンリ・ド・リベロール（Henri de Riberolls 前大学南校語学教師）らによってフランス語で行われた（これはまだボワソナードが来日する前のことである）。この経緯については、手塚博士は、黒田綱彦や加太邦憲の談話を総合して、「明治三年か四年かはっきりしないが、ともかく四年夏以前に箕作のフランス法典翻訳その他の法律顧問、そしてまた法律学の教師としてフランス人法律家招聘の儀が、江藤の発議でまとまったものと「一応推測してよかろう」としている[9]。言うまでもなく、文中箕作とあるのは箕作麟祥、江藤とあるのは江藤新平であるが、この発議のころの江藤はまだ司法卿の職にはなく、手塚博士は、中弁時代の出来事ではないかと想定している[10]。

その後ボワソナードが来日し、ボワソナードとブスケが担当して本格的な法律学教育が開始されたのは明治7年4月からである。ボワソナードは、言うまでもなくわが国の旧民法や治罪法等の起草者であるが、司法省の法学教育においても、中心的な働きをすることになる[11]。

その司法省法学校では、正科として、「正則科」と呼ばれた修業期間8年のコースが設定された（1期生は明法寮法学生徒が引き継がれたもので、9年7月の卒業生20名に8年7月の留学者5名を加えた25名である）。後に東京帝国大学の教授となり、明治民法の起草者の一人となる梅謙次郎も、この正則科の2期生である。しかしこの正科は、明治17年末に廃止され、いったん文部省直轄の「東京法学校」なるものに移管されてから、翌18年に東京大学法学部に吸収合併される（同大学が東京帝国大学法科大学に改組されるのは翌19年3月である）[12]。したがって、東京大学法学部は、そもそもの経緯からして、司法官の養成機関としての性格も取り込んでいたわけである。

司法省法学校の司法官養成教育としては、もう一つ、明治9年4月の司法省員外出仕生徒教育に始まる、司法官の短期養成を目的とした修業期間2年の「速成科」があった。この速成科は、正則科の東京大学への吸収合併後も司法省に残るのだが、その後明治20年に終了する。ここからは多くが判事登用試験に合格し、またその他の卒業生には代言人の無試験免許が認められた[13]。

つまりそれらの教育機関で養成されたのは、もっぱら司法官や政府の要職に就く法律専門家（現在の「官僚」よりはもう少し広いイメージでとらえるべきであろう）であった。

司法省から文部省・東京大学へ

（1）法曹養成教育の引継ぎ

前述したところからもうかがえるように、この法曹・官僚養成教育については、まさに歴史の初めから、司法省と文部省の綱引きがすでに始まっていた（そしてそれは今日まで続いている）[14]。

黎明期の東京大学での法学教育については、資料探求がなお不十分であるが、手塚博士の記述を借りると、「東京大学は、いうまでもなく幕府の昌平黌を明治政府が再興したもので、開成学校、大学東校、大学南校、東京開成学校等、組織と名称においてかなり錯雑した変遷を遂げたが、結局、明治一〇年に至って東京大学として統一されたのである。法学教育は、はじめ二年九月の大学構内に明法科が設けられて律令学の講義が企図されたこともあったが、翌三年二月の大学規則の法科の学則から西洋法律学がはじめて採りいれられた。しかし、この大学は、学内紛争のためほとんど授業を行うことなくして中絶、その後七年九月の開成学校の学則に法学科が設けられたこともあったが、これまたいくばくもなく廃絶、本格的な組織をもって法学教育が開かれたのは、東京大学法学部設置以後であった。ここでは、英米人の教授を中心に主として英米法の教授が行われた。明治一九年三月、東京帝国大学法科大学に改組後は、英法、仏法、独法の三部を取り揃えたため、従来の英米法中心の色彩は急速に消失した。しかし、東京大学時代に英米法のみを学んだ卒業生は、各地に英米法の法律学校を興し、明治の法学界に非常な影響を与えたのである」とされている(15)。そうすると、東京大学における法学教育は明治10年以降になってようやく本格的に始められたということになる。

手塚博士はまた、「英法系法律学校の嚆矢として発足した東京大学法学部は、一九年三月、東京帝国大学法科大学に改組される直前、司法省法学校の後身である東京法学校（17年に改名、司法省から独立して文部省直轄となる）を合併、従来からの英法教育を第一科、東京法学校の仏法教育を第二科とし、さらに二〇年九月には、独法を加え、イギリス部、フランス部、ドイツ部として、翌年にはその名称を一部、二部、三部と改めた。しかし、二三年九月に至り、日本法典を主とする学科目に改め、外国法は参考科目とし、それを一、二、三の各部に分け、英法、仏法、独法の授業を行うことになった。さらに二六年九月からは、外国法を兼修科目とし、日本法典中心の科目編成の主旨をいよいよ明白にしたのである」と述べている。[16]

これらの引用論考は、掲載媒体の性質からか、[17]同博士の論考には珍しく、出典の記載がないのが残念であるが、その内容は『東京大学百年史』[18]などによって裏付けることができる。

たとえば、明治6年の開成学校本科・予科時間割を見ると、法学予科第一級月曜日から土曜日まで各6時限36コマ（ひとコマ60分、翻訳と体操は30分）のうち、法科（教員マカデー）とあるのは3コマに過ぎず、そのマカデーはラテン語を3コマ、経済学を3コマ、国政学を1コマ教えており、その他には語学（英語）が6コマ、体操と翻訳が30分で各6コマ、歴史が4コマ、数学が4コマなどで、法科とはいっても法律の時間は非常に少ない。そして本科第三級でもマカデーの法科3コマをはじめほとんど同様の内容なのである。[19]

さらに校名が東京開成学校となって初めて本科生を持った明治7年9月には、法学教師としてグリグスビー（W. E. Grigby）が「専門教授」として来着した記録があるが、[20]法学本科の在籍生徒数は7年12月が9名、8年12月が17名、9年8月が11名であった。[21]法学科の課程については、『東京大学百年史』にも「法学科の課程の専門教師はアメリカ人およびイギリス人であった。英法中心の教育内容であったことは外国人教師らの「申報」により察することができる」とのみ短く記されているにとどまり[22]、しかもグリグスビーなる教師の経歴・事績については管見の及ぶ範囲では不明である。そして、明治9年の法学専門科教科目には第1年下級に不動産法、動産法、結約法、刑法と並んでフランス語が置かれている。また任意科目として「国憲」があり法律関係はそれだけである。第2年中級は「証拠法、訴訟法（民事訴訟法、刑事訴訟法）、衡平法、刑事訴訟法、法律討論演習、フランス語羅馬法律（任意科目）」となっている。衡平法などを教えているところからは英米法のカリキュラムであるが、フランス語を教えているところは結局司法省法学校の動向をにらんでのことのように思われる。そして第3年上級（最終学年）は、「前二年間践修スル総科目ノ復習、列国交際法（列国交際公法、列国交際私法）、法律討論演習、法論」等となっている[23]。

もちろん、同校では試験は英問英答の形でなされ、昇級には相当の厳格さが維持されていたようであるが、明治9年と言えば、司法省法学校では3月に正則科2期生の募集を行い、4月には、いわゆる速成科の濫觴となる生徒募集を始めている時期なのであるから[24]、この時点でわが国の法学教育に占める重要性において、東京開成学校が司法省法学校のはるか後塵を拝していたことは明らかであろう。

（2）官僚養成教育の展開

では、そのような歴史的経緯を持つ初期の東京大学での法学教育は、吸収した司法省法学校の司法官養成という役割以外に、何を目的にしていたのか。

大村敦志教授は、「ヨーロッパではかなり早い時期に、実用指向の法学と学理指向の法学が成立した。それでは、われわれの法学の直接の起源である明治日本の法学はいかなる法学であったのだろうか[25]」と問題提起して、以下のように述べる。「第一に注目すべきは、司法省法学校と東京大学の関係である。法典編纂を急ぐ明治日本にとって近代法典を操作できる法律家の養成は焦眉の課題であった。司法省法学校の前身は一八七一年設立の明法寮であるが、そこでは、当初から司法官養成のための教育が行われた。旧民法典の起草者として名高いボワソナードは、この学校でフランス民法や彼の起草した民法草案の講義を行っていた。他方、法理文の三学部を擁した東京開成学校と東京医学校の合併により、一八七七年には東京大学が誕生した。東京大学法学部は、司法官養成の面では初め司法省法学校に対して劣位に立っていたが、官僚養成機関としての役割が期待され、『法制官僚』の需要が強まるに従って次第にその力を伸ばした。その間、一八八五年には文部省は司法省法学校を東京大学法学部に併合するのに成功し、官学における法学教育は一元化されることとなった。さらに、翌一八八六年には工部大学校の併合も実現し、東京大学は帝国大学と改称されるに至った。こうして『学校ハ法律運用ノ職工ヲ養成スルヲ目的トセリ』とされた司法省法学校は姿を消し、代わって『国家ノ須要ニ応スル』人材の育成を目指すが、司法官養成を主目的とするわけではない帝国大学法学部が法学教育の担い手となったわけである」とする[26]。

この大村教授の文脈からしても、東京大学は、「国家ノ須要ニ応スル」官僚等の人材の育成を目指し、司法官養成を主目的とするわけではない教育機関として発足したことになる[27]。ただ大村論考では、引用文の前置き部分としての、ヨーロッパで早い時期に成立したとされる「実用指向の法学と学理指向の法学」が日本ではどう成立したのか（あるいは同様には成立しなかったのか）についての言及がないのが残念である。いずれにしても、東京大学は少なくとも、先述の手塚論考が示すように司法省法学校を吸収しその仏法部分を第二科として取り込んでいるのであるから、大村論考が示すように官僚その他の「国家ノ須要ニ応スル」人材の育成を第一義としたとしても、司法官養成の部分も一定程度は目的として（司法省法学校から）引き継いでいるというべきであろう。

（3）法曹・官僚養成以外の教育は

そして筆者が最も知りたいのは、この時点の東京大学において、官僚と法曹の養成以外のどのような教育目標が設定されていたのか（あるいはそれはまったくなかったのか）、ということなのであるが、残念ながら大村教授の論考にはその点の記述がない。もちろん、東京大学は、先の引用で手塚博士も言及するように、明治23年9月に至り、カリキュラムを日本法典を主とする学科目に改め、外国法は参考科目としたにせよ、同20年9月の当初から、英法、仏法、独法の3か国法についての講義を行ってきたのであり、その点で日本随一の外国法学の伝統があることは指摘するにやぶさかではないが、その外国法の講述が、「教育」という側面で（一握りの外国法学者の養成という目的、また解釈法学を研究の中心とする学者たちにとっての外国法の参照という学理的意義は認められるにせよ、それ以外に）何を目的として来たのか（明治20年9月から23年9月は、日本法が未整備だったので外国法を教えたわけであるが、それ以降の、外国法が「参考科目」、さらに26年からの位置づけでいえば「兼修科目」となった時に、メインとなった日本法の学習、および参考とする外国法学習に、教育上、どういう役割を与えていたのか）、ということが問題なのである。つまり現代風に言えば、ディプロマ・ポリシーやカリキュラム・ポリシー[28]とか、学生の達成目標、という観点で、東京大学の法学教育が、法曹・官僚養成（そして学者の養成）以外に何を目的とし、何を実際に達成してきたのか、が問われなければならないのである。

（4）私立法律学校の参入

そしてこの司法省・東京大学（文部省）による法曹・官僚養成に、私立の法律学校も参入したわけであるが、今、正確な統計資料は得ていないものの、私立の法律学校は、数字の上ではとくに代言人（弁護士）の主要な供給源となっていたと思われる。そしてそれらの私立法律学校は、高等官試験の受験資格や無試験での判任官見習への徴用、さらに徴兵猶予・兵役短縮という特権と引き換えに、実際上、政府（帝国大学総長）の監督下に置かれていた[29]。

要するに、明治以来の官学・私学による法律学教育は、当初からほとんどすべてが法曹と官僚の養成を目的としていたのである。なお、この点で大村教授は、当時の私立の法律学校について、「これらの学校は、一方で弁護士試験受験を希望する若者たちを集め、その意味では受験学校的な色彩を強く持っていた。しかし、他方で、地方名望家層の子弟に、漢学に代わる教養というべき法知識を伝授するという役割を果たしていた」と書いている[30]。本稿では以下この点を精査したい。

その最後の「地方名望家層の子弟に、漢学に代わる教養というべき法知識を伝授するという役割を果たしていた」という部分は、当該箇所には引用がないが、別の箇所の引用から、教育社会学者の天野郁夫博士の論説に依拠するものであることがわかる。大村教授は、「官立大学はもちろん私立の法律専門学校においても、法学は「立身出世」のために、また「教養」として学ばれたのであった[31]」とし、「「立身出世」指向以上に注目すべきは、法学学習のもう一つの側面である「教養」指向である[32]」と書いて、以下のように天野博士の文章を引用するのである。「法律系私学の多数をしめていたのは、必ずしも国家試験をめざすのではなく、法律学をいわば『教養』として学ぼうとする学生たちであった」のであり、「かれらの多くは、明治維新以前には、地方の政治や行政にかかわってきた士族や豪農層の子弟である。その点でも、法律学はかれらにとってレリバンスの高い学問だったとみてよい。法律学は、いってみれば、漢学にかわる新しい『教養』としての意味あいをもっていたのである。法律系の私学が、おそらくはたくまざる形で、多数の若者を地方から集めることに成功した一半の理由は、それにあった[33]」。

しかし、私はこの点には強い疑念を呈したい。確かに彼らの「多く」が地方出身者であったことまではデータがあるようだが、本当に当時法律学は「漢学にかわる新しい『教養』としての意味あいをもっていた」のか。少なくとも明治10年代から急増する私立法律学校の門を叩いた者たちの「多数派」は、すでに見たように（それらの学校の多くがかなり簡易な入学試験で門戸を開いていた事実もあり）、やはり「立身出世」が圧倒的な目標であっただろうし、加えて指定法律学校に入れば官立学校と同じく司法官等の任用試験の資格が与えられ、しかも兵役が猶予ないし短縮されるというその特権を得ることが目的であったはずである。法知識の伝授が本当に漢学に代わる教養教育と考えられていたのか、つまり当時の私立法律学校は天野教授が言うような意味の教養教育の役割を果たす教育機関であったのか、については、筆者はかなり疑問に感じる。少なくとも、判検事や代言人になれなくともそのような教養がつけばよいという目的で私立の法律学校を目指した（そういう教育機関として私立法律学校を評価していた）人々がどれだけいたのかということは、もっと実証的なデータを書き添えてもらわないと納得できないところである。明治期の私立法律学校の歴史をたどった私には、天野教授がいい、大村教授が引用するところの、「必ずしも国家試験をめざすのではなく、法律学をいわば『教養』として学ぼうとする学生たち」が「法律系私学の多数をしめていた」とは、到底思えないのである。(34)

もっとも、天野教授は、重要な数字も示している。それは、たとえば明治33年の段階で、「法学系私学」は7000人近い在学者をもっていたとするところである（とはいえ天野教授は後述するように慶應の理財科までも法学系私学に混入させているので、それは本稿で言う私立法律学校の学生数よりも過大な数字であろうが[35]。そして同教授は、「これに対して同年の各種国家試験の合格者は、高等文官試験58人、司法官試験77人、弁護士試験47人に過ぎない。しかも文官、司法官の両試験の合格者の大半は帝国大学の卒業者でしめられ、また各種試験の重複合格者も少なくなかったから、私学卒業者にとって国家試験の門はきわめて狭いものであったとみてよい」と指摘するのである[36]。つまり、明治33年の当時から、法曹三者の職につける私学法学生は、ごく少数派であったのである。

ただそこから、同教授は、「要するに、国家試験を目指す「法律青年」は、7000人に近い在学者の中で決して多数派ではなかったのである。大多数の学生が求めていたのは、国家試験に合格するのに必要な「法技術」ではなく、むしろ近代的教養としての「法知識」であった[37]」と論理を展開するのであるが、この引用文の後半は、私見では根拠が不確かで、いささか論理の飛躍があるのではないかと思われるのである。大多数の学生は最初から「近代的教養としての法知識」を求めていたという証拠はどこにあるのか。さらに同教授は、「国家試験を目指す「法律青年」を、「立身青年」とすれば、それ以外の「政治青年」や「教養青年」、さらには「実業青年」たちは「遊学青年」とよぶことができるだろう。法学系私学の増大する在学者の多数派をしめたのは、東京専門学校の政治経済科、慶応義塾の理財科を中心に、純粋の法律学以外の「教養」を求めて「東都遊学」する富裕な平民層の子弟に他ならなかった[38]」と述べるのである。しかしここには明らかに大雑把な論理の混同がある。「法学系私学」の名のもとに、国家試験を目指す「法律青年」が、なぜ安直に政治経済を学ぶ学生と一括して「遊学青年」に置き換えられてしまうのか。また、後述するように、たとえば慶應義塾の理財科（現在の経済学部）生を「法学系私学」に混入するのは明らかに不適切である。

おそらく、正しくは、私立法律学校の入学者は当初はほとんどが国家試験を目指す「法律青年」であったのに、ハードルの高さから夢破れて、あるいは志がなえて遊興に走り、帰郷するものが多数であったというだけのことではないのか。それであれば、事態は現在と大きく変わらない。逆に言えば、明治の時代からすでに「法律学校の学生のマジョリティが法律家にならない」という状況があったことを指摘したその点には、天野教授の著書の功績があるといえよう。しかし、繰り返すが、当初から国家試験合格を目指すことなく「教養」の獲得を目的として私立法律学校の門をたたいた者がどれだけいるのか（また、私立法律学校の側が、そのような「教養教育」としての「法学教育」を目標として掲げていたのか）という点については、天野論考は論証不足と感じざるを得ないのである。(39)

以上のように、ここで指摘しておかなければならない問題は、まさに日本の法学教育は、近代日本の礎を作る人材としての、法曹や官僚を養成するものとして始まっているのであり、かつそこには、法曹・官僚養成以外の法学教育プロパーの目的探究は当初からほとんど存在しなかったようにみえるということなのである。

3　法曹・官僚養成を第一義としなかった唯一の例外
――慶應義塾「大学部法律科」と福澤諭吉の法学教育観

慶應義塾「大学部法律科」の誕生

しかしこの点で唯一の例外と言えそうなのは、福澤諭吉の慶應義塾が１８９０（明治23年）に開設した、大学部法律科であった。この慶應義塾の大学部法律科は、当初文部省のコントロールに服さず独自路線を歩こうとしたもので、現代から見ると、（少なくとも関東に限っていえば）ほぼ唯一の、法曹養成・官僚養成を第一義にしなかった法学校なのである。

慶應義塾は、１８５８（安政５）年開設の福澤諭吉の蘭学塾をその出発点とするが、この「大学部」というのは、明治23年に至って福澤諭吉が、理財科（後の経済学部）、法律科（同法学部）、文科（同文学部）の三科を置いて、それぞれに一人ずつ、ハーバード大学学長エリオットに依頼して、同大学から主任教授を迎えて開設したものであった(40)。このとき、法科に招聘されたのが、後に米国ノースウエスタン大学で証拠法等の大学者となるジョン・ヘンリー・ウィグモア（John Henry Wigmore）であったのである。来日時は、ハーバードから招聘された三教授(41)の中で最も若い、26歳であった。

福澤諭吉は、慶應義塾の大学部法律科創設に先立つ、１８８５（明治18）年の英吉利法学校

（現在の中央大学の前身で、東京大学出身の法学士らによって開設され、司法省からも補助金を得ていた、英法を教授した法律学校）の開講式典での演説[42]において、以下のように述べている。「抑も法律学なるものは、必ずしも法庭《ママ》に訴を聴きまた法庭に罷出で曲直を判断し勝敗を争ふがための用意にあらず。法律は人間生々必須の学と云ふも可なり。蓋し彼の判事となり代言人となるがために法律を学ぶと云ふ者は、いまだこの学の区域を知らざる人の考たるに過ぎず[43]」。

つまり、法律は人生必須の学問なのであって、判事や弁護士になるために法律を学ぶというのは、法律学の何たるかを知らない者の考えであるとして、法曹養成を法律学教育の主たる目的とする考え方を否定していたのである。もっとも、これは当時の私立法律学校の入学者たちにとってはかなり違和感のある演説であったのではないかと思われる[44]。

こうして、政府のコントロール（正確には、先に紹介したように司法省指定校としての判検事登用試験受験資格許与と徴兵免除という特権付与とそのかわりの統制）を受け入れず、多数科目の高度な入試を課し、高い授業料を取り、自前で外国人教師を雇い入れて、官僚・法曹養成を直接の目的としない独自の路線で、（まさに旧民法典などの国内法が急速に整備されつつある時期に）英語で英米法を教えようとしたのが、１８９０（明治23）年開設の慶應義塾大学部法律科だったのである。

具体的に言えば、①慶應義塾大学部法律科が日本法律科を置いて、判検事登用試験受験資格許与の特権を与えられる司法省指定校に選定されるに至るのは、（ウィグモア離日後の）１８９３（明治26）年である（司法省告示第九十一号）（これについては、慶應義塾がその時期まで意図的に指定を求めなかったという見方もある。この経緯については岩谷教授の検討が詳しい[45]）。②私立法律学校の中には、非常に簡易な入学要件を掲げるものが多かった中で、慶應義塾大学部は、算術、代数、幾何、物理、化学、地理、歴史、英語、漢文、日本語作文という多数科目の入試を課していた（ウィグモアはその論考の中で、「帝国大学を除いて、入学に際しこれほどの要求をする法律学校はこの国には見当たらない」と書いている[46]）。③授業料は他の私立法律学校の約三倍という高額であった[47]。

他の私立法律学校と明瞭に異なるこれらの施策を意図的に採用しながら、慶應義塾大学部法律科は、１８９０（明治23）年（まさにボワソナード旧民法典が公布された年である）に至って、後発の法律学校というよりも、高等教育の実質を追求する「大学部」の一学科として発足し、当時現行法として施行されていた刑法や治罪法（刑事訴訟法）を除いてはすべてウィグモアが英語で英米法科目全般を講義したのである[48]。

村上一博教授は、その論考「福澤諭吉と『近代的代言人』児玉淳一郎」の中で、「福澤が法学教育の重要性を認識していたことは疑いない。しかし、福澤の場合、私立法律学校における法曹養成を積極的に評価する姿勢はどこにも見られない」と評している[49]。

しかし、この福澤の孤高の試みは、（いわば上記①から③によって当然に想定される結果として）成功に至らず、10年間で卒業生は30名にとどまり（当時の慶應義塾大学部の学生数は圧倒的に理財科が多い）、かつウィグモアが3年後に離日した後は急速に、他の法律学校と同様の、司法省の指定を受けて日本法を日本語で講義する教育機関になっていったのである(50)。

福澤諭吉における「法律」観とその限界

加えて言えば、この福澤諭吉の先進的な（というべき）試みも、実は、法曹養成以外の明確な法学教育のヴィジョンをもってなされたことではなかったようである。福澤は、法律学そのものについては素人であって（前掲の英吉利法学校開講記念祝辞の中でもそれを示す発言がある(51)）、ともかく（蘭学塾から転向した）英学塾からの発展として大学教育レベルの課程を確立するためにハーバードからの三教授招聘を企てたようであり、「法律は人生必須の学問」という言葉の先に、何か今日にいうリベラル・アーツ論（これについては後述する）などがもっと明瞭なかたちで接続していれば、また違った評価を与えられるのではあるが、そこまでを明治初年の思想家に求めるのはいささか酷というものであろう（もっとも、後述するように、彼の「法」というものの把握とその万人（市民）への啓蒙の姿勢はかなり明瞭であり、現代の法学教育に示唆するところも大きい――ことに、「市民の自主的なルール創り」という観点は、私自身の新世代法学教育論のキーワードとなる）。

とはいえ、慶應義塾においては、かなり早い時期から法律学科目が開講されてはいた。岩谷十郎教授の研究によれば、慶應義塾の「科業表」の中で法律関係の講義名が現れる最初は、1873年（明治6年）の「ウールシー万国公法」（つまり国際公法）の授業であるという（さらにその後、1881（明治14）年には、「ベンサム立法論」や「法律原論」などが加わったとされる）[52]。岩谷教授は、「このように、法律専門課程を設置しなくても、まさにリベラル・アーツとしての法学教育が実践されていたのである。一方における、多くの私立法律専門学校が雨後の竹の子のように現れてくるこの時期にあって、上記のような慶應において行われていた「教養としての法学教育」を再考・再吟味してみる余地はありそうである」と述べている[53]。

またさらに言えば、福澤諭吉の法に対する関心は、明らかに、（国民統治のための）「法律」それ自体を研究することよりも、市民間の自主的なルール創りを支援しエンカレッジするほうにあったようである。たとえば福澤は、「民衆の裁判所利用＝権利主張が極めて盛んになる明治一〇年代[54]」に、「人事万端の交渉を訴訟に依って決することは社会交際のために面白くない」として、1877（明治10）年に、「自力社会」という組織を設立する[55]。この「自力社会」は、社主に早矢仕有的を置き、その会則第五条では、「人間交際の齟齬行違は掛合の粗漏なるより生ずるもの多し。故に社員は商売取引の正に差縺れに赴かんとして掛合の難きものあらば、これを社に持出して相談を遂ぐべし」とある[56]。これは、岩谷教授によれば、「紛糾した掛合（契約交渉等）に助言を与えたり、社主早矢仕有的の支持の下、他二名の社幹が直接赴き、掛合書の案文を作成したりもする（中略）自主的組織であった」のである[57]。

この「自力社会」の設立をもって、福澤の関心は、いわば今日のＡＤＲ（裁判外紛争解決）や司法扶助に近いものにあったと思われるとするものもあるが、私はそこまでは考えない。福澤には、ＡＤＲのような法的制度を創出することに関心があったとは思われない。そうではなくて、これは福澤の、市民の中での自己決定が十分にできない人々に対する支援の発想の発露なのであって、今日の学問分野でいえば、むしろ交渉術、交渉学の端緒とみるべきものであったのではないかと評価している。福澤の言っていた「独立自尊」の真髄は、現代でいう自己決定、自己責任の態度の取れる市民層の形成への啓蒙にあったと思われるからである[58]。

その意味では、この自力社会等の事績からみた福澤の姿勢を、「要するに福澤は、紛争といった社会の病理現象を、民衆による自主的交渉の訓練の学校としてとらえたのではあるまいか。つまり裁判所における既定の規範に基づく一義的な解決案を受け取る態度ではなく、まず権利主体同志《ママ》によって進められる自主的な合意形成の手続きを介して、自立した市民社会形成の契機を見出そうとしたのではなかろうか。ここには「法」そのものの啓蒙はない。福澤は法を媒介として「啓蒙」の姿勢――彼の「法学啓蒙」を貫くのである[59]」と書いておられる岩谷教授の分析は、至言と評価したい。

4　大正以降の法学教育論の歴史と「多数派学生のための法学部教育論」の不在

末弘博士の法学教育論

以上述べてきたような、法曹・官僚養成に特化した形で始まったわが国の法学教育の歴史は、その後も長く維持され続けることになる。たとえば、大正から昭和期にかけての我が国の法学教育論を語るとき、真っ先に挙げられるのは、末弘厳太郎の名であろう。そこでここでは、少しく末弘博士の法学教育論を検討してみたい(60)。

民法学者にして米国留学の成果を入れた判例法学の提唱者であり、労働法学の創始者、法社会学の先駆者と称される末弘は、法学教育にも多数の論考を残しただけでなく、市民（無産者）を対象とするセツルメント運動等も含めた、広義の法教育の実践者であった（現代で言うアクティブ・ラーニング実践の先駆者といってもよい）。

ことに末弘は、留学から帰国した1920（大正9）年から日中戦争勃発前の1936（昭和11）年頃までの時期には、一方で大学の法学教育が机上の遊戯たることを批判して現実の研究対象に入り込むことを主張しかつその実践の試みをし(61)、他方で資本主義の発達に伴う社会矛盾の増大した時期に、農村問題、労働者問題に立法学的に対処して、法を通じての社会改良を提言したとの評価が与えられている(62)。

私は、これら末弘の法学教育論を、イデオロギー論はさておき、何よりその実践とともに高く評価している[63]。しかしながら、やはりそれは、当時の学界一般の認識を超えた時代の先端を行く刮目すべきものではあったのだが、（末弘は資本主義を否定する階級闘争としてのセツルメント運動を明確に否定しているものの）個々人の育成の観点よりも「社会」の概念が、「国家」に対峙するものとして強く意識されており、また法学部の教授・学生が「研究対象（無産者集団を指す）の中に身を置いて教育乃至指導することによって自ら習いかつ考えることが最も必要」という大学セツルメントの説明等においても[64]、なお無産者集団は彼にとっての「研究対象」なのであって、いわゆる「上から目線」のニュアンスを含んだ法学教育であったと言わざるをえないのである。

もっとも筆者は、前記岩波「世界」の論考では、「けれども、末弘の名誉のために強調しておくべきは、彼のその限界は、自己決定・自己責任の発想で行動できる「多数派市民層」の未形成（ないし形成不十分）を理由とする時代の限界によるものであったと考えられるということである」と書き、さらに「なお、その後の末弘の国家主義への「変節」についても、批判は可能であるが、戦中期のさまざまな統制・弾圧の中での彼の学者としての葛藤にも考察を向けるべきであろう[65]」と書いて、末弘博士に一定の敬意を表した。しかしながらこの点は、先述の福澤諭吉の視点と比較すると、やはり決定的な相違ということになるのかもしれない。無産者市民を「研究対象」としていた末弘博士が、そのような「多数派市民層」の形成をどの程度期待し支援しようとしていたのかは不明といわざるをえないからである[66][67]。

さらに、末弘がすでにこの段階で、司法官や法曹にならない一般の学生（本稿にいわゆるマジョリティの学生）の教育を意識していたことも特筆しておくべきなのであるが、ただそのマジョリティを末弘はなお、「その他の一般学生は工場見学者に喩ふべきものたるに過ぎない」として、「此種の学生は今後漸次法科大学から遠かる《ママ》べき素質を有するものであるが、現在法科大学が尚多数此種学生を迎へてゐる以上吾々は彼等の為めに特殊の法学教育を考慮する必要がある[68]」としていたことを明記しておかなければならない。その文脈は、法曹になるものには徒弟的教育が必要だが、一方一般の学生には当時の法科大学のカリキュラムは重すぎる、というものであったのだが、開明的な末弘博士にあっても、今日の多数派法学部生のような存在は、なお「特殊の法学教育」の対象と理解されていたのである。博士もまた、東京帝国大学法学部教授らしい教育者であったというほかはないのかもしれない。

近年の法科大学院教育論

その後、昭和から平成にかけて、法学部教育について論じた貴重な論考がいくつかあり[69]、さらに諸外国の法学教育を紹介する論考もいくつかあったが[70]、それらをもとに日本の法学部で制度的に実践しようとした業績は、管見の及ぶ範囲では見当たらない。さらに、ここ十数年ほどの我が国の法学教育論議は、ほとんどが法曹養成制度改革[71]と法科大学院関係のものであった。

もっとも、法科大学院設置の可否を論じた当時の段階では、法科大学院教育との対比で法学部教育を論じた鎌田薫教授や鈴木重勝教授の論考など、いくつか示唆に富む業績は存在した[72]。しかし、法科大学院の設置決定後は、議論は急速に法科大学院論に集中していったようにみえる。

それでも、法科大学院教育論の代表的な業績としての米倉明東京大学名誉教授の膨大な連載には、本稿と方向性の近い法学部教育論（ただし同教授の記述は「市民教育」の方向）も含まれるが、基本はやはりそのタイトルにも示されるとおり法科大学院の目線・距離感からの言及である[73]。他にもいくつか法科大学院教育論としてまとまった業績を挙げることはできる[74]。しかしながら、私見では、そもそも法律学教育は段階的に、法学部での導入教育・専門基幹教育・専門展開教育、そして法科大学院の職能教育と、異なる方法論で異なる内容で行われるべきものである（そしてさらに大学外の市民教育がある[75]）。法科大学院での法曹専門家を育てる職能教育の議論を精緻化しても、法学部教育論の深化にはつながらないというのが私の見解なのである。

大村教授の法教育論

一方、いわゆる「法教育」についての研究は、近年、大村敦志東京大学教授や、その率いる「法と教育」学会において進められてきた。それらは、高校生や市民らに法教育を普及させていこうとする方向の試みとしては、相当に高い評価を与えられるべきものである。ただ、それらも、私がここで論じようとする「大学法学部での法学専門教育」とは発想においてすでにズレがあるように私は感じている。この点は大村教授自らが、その初期の論考において、「正攻法として考えられるのは、現代日本の「法学教育」、とりわけ法学部における法学教育（以下、「法学部教育」と呼ぶ）の現状を子細に検討し、そこから方策を見出すというやり方であろう。しかし、本章はあえてこのようなアプローチをとらずに、検討対象たる「現代日本の法学教育（とくに法学部教育）」を相対化して、言わば外側から見ることによって、法学教育のあり方を考えるというやり方をとりたい」と述べているところである。[76] 研究方法論としては、対象を客観化して周辺から論じていく同教授の手法も当然に成り立つところではあるが、私見の「教育は実践の中にこそある」とする立場からすると、大村教授の（現代の法教育論の第一人者としての）諸業績が、法学部教育に入り込んで真っ向から向き合っていないことがいささか残念に思われる。

小括――エアポケット状態の「法学部教育論」

したがって、わが国では、「法曹・官僚養成以外の法学部専門教育」についての議論は、なお見落としはあろうかとは思われるものの、過去も現在も、エアポケットに入ったように手薄になっていたと感じるのである。なおここで問題となるであろう、「法学部専門教育」といわゆる「市民教育」「教養教育」との違いについては、この後の6で論じたい。

5 「プロフェッショナル教育」の必要性と「上昇型ピラミッド」

もちろん、筆者も法学部における「プロフェッショナル教育」の役割と必要性を否定するものではない。というよりも、それを積極的に肯定する。いわゆる法曹三者にしろ、その他の法律関係の各種士業（司法書士、不動産鑑定士、行政書士、宅地建物取引士、社会保険労務士等）は、いずれも、専門性の高いプロフェッショナルなのであって、それらの職業に就くためには、レベルの高い国家試験（ないし準国家試験）を突破しなければならず、またそれらの国家試験のレベルの高さが、それらの職業に就く者の能力を保証し、それらの職業に対する人々の信頼の根拠ともなるのである。そしてそれらの資格に一定の法律知識や法律を使いこなす能力が必要となるのであれば、法学部教育はそのような人材を育成することにも役立たなければならないことは理の当然なのである。

ただ、間違ってはならないことは、法学部が少数のプロエッショナルを育成する教育に走り、マジョリティの学生たちがそこから落ちこぼれていくという下降型ピラミッドが形成されるのではなく、同じ三角形でもそこに内在する逆のベクトルを考えて、マジョリティが、法学部教育の中でひとしく固有の能力や専門性を身につけ（その意味で満足感を得て）、その中から法曹・士業となろうとする者が現れてきて意欲的により詳細な判例・学説等の学習に入って行くという、上昇型ピラミッドが想定されなければならない、ということなのである。

本稿のここまでの考察によれば、天野教授の論考に見られる明治時代から、末弘博士の主導した戦前戦中の昭和時代を経て、わが国の法律学校教育、法学部教育の内実は、常に法曹・官僚養成を頂点とする下降型ピラミッドであった。21世紀の法学部教育は、その点を打破しなければならない、と私は思うのである。

6 「市民教育」ではない法学部「専門」教育の必要性
――「リベラル・アーツ教育」と「リーガルマインド養成」に触れつつ

私は、もう一つ注意しなければならないこととして、法曹や官僚にならない多数派の法学部生のための教育が、いわゆる「市民教育」になってしまうのでは、法学部の固有の存在価値がないということを強調している(77)。現代ではそれは決して末弘博士のいう「特殊の教育」ではないはずなのであるが、それが一般の市民を育成する教育になってしまってはならず、あくまでも法学部法律学科を卒業した「プロ」を育てる、法律「専門」教育としての意義を有するものでなければならないと私は考えているのである。

そこでまず論じておかなければならないことが、いわゆる「リベラル・アーツ」教育との関係である。法曹・官僚養成以外の法学部教育については、いわゆる「リベラル・アーツ」の教育と論じられることがあるのだが、これにも私は疑問がある。そもそも、リベラル・アーツというものは日本語に翻訳するのが至難の業と言われるのだが[78]（決して「一般教養」ではないとされる）、麻田貞雄教授は、「私の知る限りもっとも包括的な定義」として、イエール大学のグリズウォルド総長の「リベラル・アーツの目的は……個人がおのおの選択するキャリアに入るまえに、その可能な限りの知性、精神的能力、判断力、そして徳性をもたらすことができるように、知的・精神的な力に目覚めさせ陶冶させることにある……（ジェームズ・スチュアート）ミルは述べた。「人びとが法律家や医者や製造業者になる前に、まず人間なのであり、もしわれわれが彼らを有能で分別のある人間に育てるならば、彼らを有能で分別のある法律家や医者にすることができる」。……われわれの目的は男女の学生を単に知的な追求だけではなく、人生のための準備をほどこすことにある。」との一節を挙げている[79]。したがって、「学部生だけを教育するリベラル・アーツ・カレッジは、アメリカに独特の教育機関であり、専門職のための学位を授与するヨーロッパ諸国には見られない」のである[80]。そうすると、上記のように、法曹などに限定しなくても広く士業に就くための法学部における「プロフェッショナル教育」を肯定することは、やはりリベラル・アーツとは矛盾する[81]。そして私は、福澤の言った「万人のための法律学」の側面も理解しつつ、21世紀の大学法学部は、法曹や官僚になる者にも、それ以外の士業に就く者にも、そして多数派であろうビジネスや地方公務員等の道に進む者にも、すべて共通して必要となる「専門」の教育を施す教育機関として確立されて行かなければならないものと考えるのである。したがって、私のいう「法曹・官僚養成以外の法学部専門教育」は、やはりリベラル・アーツの教育とは一線を画されなければならないのである（この点、アメリカでは学部教育と切り離された形で、その上にロースクールの専門教育（私のいう職能教育）が存在するのでわかりやすい。ここにおいて、法学部を存置しながら法科大学院を作った日本のやり方の基本発想が再度問い直されることになるのである）[82]。

もっとも、それは法学部教育とリベラル・アーツの教育が相容れないものであるということを意味するわけではない。日本の法学部が生み出す「（法曹に限らない）法律のプロ」と呼ばれるべき人材は、「知的・精神的な力に目覚め」た、「有能で分別のある」人物でなければならないことは言うまでもない。そうすると、日本の法学部は、法律学を教授する以外に、リベラル・アーツの教育にあたる部分も具有しなければならないことになる。したがって、結局21世紀の日本の法学部教育は、言葉のもっとも深い意味において、リベラル・アーツの教育と「共生」しなければならないのである。

またこの点に関連して、「リーガルマインドの養成」ということも従来からよく言われるのだが、この「リーガルマインド」という抽象的な用語、またその「養成」という、方法論が不明なかつ達成度の測定困難な目標設定にも、再検討の目が向けられなければならない。

リーガルマインドたるものの実質はどういうものなのか。そしてどう養成して、どう測定するのか。たとえば後述するように今日の文部科学省が指導するＣＰ（カリキュラム・ポリシー)・ＤＰ(ディプロマ・ポリシー)[83]に、「リーガルマインドの養成」と書くのはたやすいが、それが単なるお題目になってしまうリスクをどう排除し、これにどう明確な達成基準を設定するのかは、全国の法学部の今後の重要な課題となるように思われるのである。

7 21世紀の「新しい法学部教育論」——その芽生える土壌の不存在を超えて

ここにおいて、本稿の意図するところは明らかになってきたと言えるであろう。

法曹や官僚にならない法学部生が全体の九割以上を占める現代の法学部(とくに法律学科)においては、その九割以上の圧倒的な「マジョリティ」の学生のための法学部教育を構築して、それに対応したＣＰやＤＰを掲げ、またそれを実現する具体的な達成目標を設定しなければならないはずであるのに、そういう動きが今日なお非常に乏しい。その主たる原因は、まさに、法曹養成と官僚養成以外を目的とした独自の法学部教育が歴史的にほとんど存在していなかったという事実にあると思われるのである。

現代の、4学年で14万人近い法学部生は、いま、何を学び、どこに行くのか。筆者は、マジョリティのための「新世代法学部教育」を、２０１４年新設の武蔵野大学法学部において実践し始めている。そこでは、これまでの解釈論中心の法学教育と訣別して、それを「ルール創り教育」に置き換えようと試みている[84]。ここでは論考の性格上詳論はしないが、それがどのような評価を得られるものかは、この法学部が卒業生を世に送り、彼ら彼女らがどのような活躍を示すかによるのであって、なお5年、10年という時間を必要としよう。ただ、今確実に言えるのは、わが国の法学部教育の発展のためには、明らかなパラダイム・シフトが必要であるということなのである。

過去は現在を課題づける。[85] 以上のように我が国の法学教育の歴史を振り返りその内容を吟味していくと、21世紀の法学部教育が新たな多数派法学部生のための教育に向かうパラダイム・シフトを実現するためには、（その依拠するべき下地がないために）相当の困難を伴うであろうことが見えてくるのである。それでも、それが喫緊の課題であることに変わりはない。本稿が21世紀の法学部教育の変革を推進する一助になれば幸いである。

注

（1）２０１５年の段階で、法学部（法学類含む）の定員総数は13万６５７７人とのことである（読売新聞「大学の実力」編集部２０１５年度調査から）。これを４で割ると一学年の定員は約3万４０００人なので、毎年の司法試験合格者をほぼ現状の約２０００人とすると、その数字は法学部（法学類含む）の学生一学年の一割にも満たない。法律・行政関係の総合職国家公務員試験合格者（平成27年度の同試験の最終合格者は学部卒生の法律区分２７７名、院卒生の行政区分２５３名）を加えても同様である。なおこの数字は次注の拙稿連載に引用するため読売新聞「大学の実力」編集部に提供していただいたものである。同編集部のご厚誼に感謝申し上げる。

（2）池田真朗「新世代法学部教育の実践――今、日本の法学教育に求められるもの」書斎の窓（有斐閣）、６４３号から６４８号まで６回連載（２０１６年１月から11月まで）。以下本稿では池田・前掲「実践」として引用する。
（3）法学部教育における法学教育と政治学教育の関係性については、池田・前掲「実践」連載第６回（最終回、書斎の窓４６８号）41頁以下で若干触れているが、詳細は別稿で論じることとしたい。
（4）もっとも、後掲の手塚豊「司法省法学校小史」は、わが国での法学教育について、明治３年７月に、和歌山藩がイギリス人サンドル（F. H.Sandul）を招聘したのが最初の試みとしている。ただし、そこでどのような学生に法律の何が教えられたのかは明らかではないという。手塚豊『明治法学教育史の研究』12頁、同38頁注（13）参照。手塚豊「司法省法学校小史」は以下本稿では手塚・前掲「小史」『研究』として引用する。
（5）手塚「司法省法学校小史」が紹介している。手塚・前掲「小史」『研究』８頁。
（6）明法寮は明治８年５月４日に廃止され、教師も生徒も司法省本省に引き継がれた。手塚・前掲「小史」『研究』36頁。
（7）初出は手塚豊「司法省法学校小史――続続・明治法制史料雑纂（四）～（六）」法学研究（慶應義塾大学）40巻６号、７号、11号（昭和42年６月～11月）である。
（8）手塚豊『明治法学教育史の研究』手塚豊著作集第９巻（慶應通信、昭和63年）。この著作集全10巻は、寺崎修教授と藤田弘道教授の編集で、昭和57年から平成６年にかけて出版された。
（9）手塚・前掲「小史」『研究』９～10頁
（10）手塚・前掲「小史」『研究』37頁注（８）参照。
（11）彼の司法省での最初の講義が、いわゆる『性法講義』（性法とは自然法の意味）と題して訳出されているものである（池田真朗『ボアソナード『自然法講義（性法講義）』の再検討』法学研究55巻８号

（1982年）1頁以下参照。ボワソナードの人物像を含めた業績全般については、大久保泰甫『日本近代法の父ボワソナアド』（岩波新書、1977年）、旧民法典編纂関係の業績については、池田真朗『ボワソナードとその民法』（慶應義塾大学出版会、2011年、増補完結版2021年）を参照。なお日本史からみた位置付けについて、池田眞朗『ボワソナード』（山川出版社日本史リブレット、2022年）参照。

(12) 以上の経緯については、手塚・前掲「小史」『研究』参照。一期生の最終処遇である明治17年の「法律学士」称号授与については同書54頁、司法省法学校正則科が直接東京大学に吸収されなかった経緯については、同書107頁を参照。

(13) 速成科については手塚・前掲「小史」『研究』108頁以下参照。

(14) その流れは、現代にまでつながっている。2004年の法科大学院開設、さらにそれに先立ち筆者が司法試験考査委員民事系主査として制度構築に関与した新司法試験への移行に関しても、法曹養成教育に関する法務省・最高裁判所と文部科学省とのイニシアチブの取り合いという側面があったといえる。

(15) 手塚豊「慶應義塾大学法学部法律学科小史」『研究』199頁。

(16) 手塚・前掲「慶應義塾大学法学部法律学科小史」『研究』205頁。

(17) 慶應義塾新聞（旬刊）という大学内の刊行物に昭和32年1月から10月にかけて連載されたものである。

(18)『東京大学百年史・通史一』（東京大学、昭和59年）

(19) 前掲『東京大学百年史・通史一』292頁、293頁。

(20) 前掲『東京大学百年史・通史一』302頁。

(21) 前掲『東京大学百年史・通史一』307頁。

(22) 前掲『東京大学百年史・通史一』311頁。

(23) 前掲『東京大学百年史・通史一』309頁。
(24) 手塚「小史」『研究』108頁、なお司法省法学校速成科が本格的に開始されるのは明治10年7月からであるとされる。手塚「小史」『研究』111頁。
(25) 大村敦志『法典・教育・民法学』(有斐閣、1999年)129頁。
(26) 大村・前掲注(25)129頁、司法省法学校について「学校ハ法律運用ノ職工ヲ養成スルヲ目的トセリ」としたのは磯部四郎「民法編纂ノ由来ニ関スル記憶談」法協31巻8号(1913年)150頁、東京大学について「国家ノ須要ニ応スル」としたのは、帝国大学令(1886年)からの引用とのことである。大村・前掲注(25)151頁注(18)。
(27) 利谷信義「日本資本主義と法学エリート(一)(二)」思想493号22頁以下、同496号104頁以下(1965年)は、まさに官学法学教育の(私学法律学校をも監督統制して巻き込んだ形での)国家エリート養成まっしぐらの経過を記述している。
(28) 今般、学校教育法施行規則が改正され、全ての大学は、「卒業認定・学位授与の方針」(DP、ディプロマ・ポリシー)、「教育課程編成・実施の方針」(CP、カリキュラム・ポリシー)及び「入学者受入れの方針」(AP、アドミッション・ポリシー)の三つのポリシーを一貫性あるものとして策定し、公表するものとされた(改正分は平成29年4月1日施行)。なおこれに関連して、池田・前掲「実践」連載第6回(書斎の窓648号(2-16年11月)44頁参照。
(29) 1886(明治19)年の「私立法律学校特別監督条規」に基づき帝国大学総長の監督下に置かれ、これが1888年5月からは文部省令第三号によって監督主体が文部大臣に代わる。メリットのほうは、文官試験の特権が1887(明治20)年7月に出された「文官試験試補及見習規則」の第四条、第一七条によるもので、徴兵猶予・兵役短縮——認可私立法律学校の場合は、官公立学校の在校生・卒業生と同じく、在校生は26歳まで徴兵が猶予され、卒業生は通常3年の兵役のところを服役中の諸費用自弁を条件として志願の上1年に短縮できる――は徴兵令（1889年1月22日法律第一号）の一一条と二一条による。これらはかなり大きなメリットであったといえる。
(30) 大村・前掲『法典・教育・民法学』130頁。
(31) 大村・前掲『法典・教育・民法学』60頁。
(32) 大村・前掲『法典・教育・民法学』60頁。
(33) 大村・前掲『法典・教育・民法学』60頁。引用されているのは天野郁夫『学歴の社会史――教育と日本の近代』（新潮社、1992年）93頁、106頁、天野郁夫『旧制専門学校論』（玉川大学出版部、1993年）122頁。しかし天野教授のこれらの出典での記述は、いささか安易に「地方名望家」の子弟の「遊学」を強調して記述しており、引用箇所でも、明治22年に東京法学院に入学した長谷川如是閑の、学生が「いずれも法律そのものを、世に出た後の自分の足場にしようとする覚悟をもって」いるとの記述も紹介しながら、「ただ、全体として見れば、法律系私学の学生の多数をしめていたのは、必ずしも国家試験をめざすのではなく、法律学をいわば「教養」として学ぼうとする学生たちであったとみてよい」と決めつけている観がある。確かに天野教授の言うような遊学生も一定数いたであろうが、それらの学生の場合は、私に言わせれば、法律をここでいう「教養」として学ぶ意識もなく、単に「箔付け」のために在籍したということに過ぎないのではなかろうか。
(34) さらに天野教授は、「東京の法学系私学のへの地方出身者の『遊学』は、『文明開化』の中央から地方への伝播課程の重要な一部をなすものだった。これらの学校は、たんに『法技術』の専門教育を与えるにとどまらず、地方の富裕な平民層、福沢諭吉のいう『ミッズル・カラッス』、あるいは『地方名望家』層の教養的な再生産に中心的な役割をはたしたのである」とまでいう（天野・前掲『旧制専門学校論』122頁）。しかしこれに対しては、大村教授も前掲書で引用するように、近代日本の名望家層について、「大半は、どちらかといえば進取の気質に富んでいたとはいいがたく、公共に奉仕する観念に乏しくて、ついぞ活気ある自治の源泉にはなりえなかった」との評価も示されている（石川一三夫『近代日本の名望家と自治』（木鐸社、１９８７年）２４７頁。

(35) 積算の根拠はおそらく天野郁夫『近代日本高等教育研究』（玉川大学出版部、１９８９年）１４０頁の表三―三ではないかと思われるのだが、そこでは法・政・経合計の私立で明治33年のところに６８９９名とある。したがって、これは東京専門学校（早稲田大学）の政治経済科の学生や慶應義塾大学部の理財科の学生などを含むものと思われる。

(36) 天野・前掲『旧制専門学校論』１２０頁。

(37) 天野・前掲『旧制専門学校論』１２０～１２１頁。

(38) 天野・前掲『旧制専門学校論』１２１頁。

(39) なお、天野教授のより詳細な著作を読むと、おそらくは教授がそのような「教養教育」という評価を展開する前提としては、私立法律学校における、いわゆる「別科」や現在の通信教育にあたる「校外生」の存在を重要なものとして取り込んでいるからのように思われる。教授は、「しかし準官学的な、したがってエリート主義的な「正科」は、私学が現実にはたした役割を総体的にとらえる限り、必ずしもこの時期の私学を代表する教育課程とみることはできない。多くの学校で在学者の多数をしめたのが「別科」の在学者であり、あるいは講義録の発行とからんで多くに学校が実施した、現在の通信教育に当たる「校外生」制度の学生であったというだけでなく、私学の教育の独自性をもっとも端的に示すものは、これら正規外の課程に他ならなかったからである（傍点原著）」という（天野・前掲『近代日本高等教育研究』１８９頁）。しかしながら、そこまで対象を拡大すると、本稿の問題意識からいうと議論が拡散し問題の所在が見えにくくなる。本稿ではあくまでも正規の課程を基準として検討をしようとしている。

(40) ちなみに慶應義塾では、大学部開設に伴い、それまでの教育課程を「普通部」と称した（その名称は今日、慶應義塾内の中学校の一つに残る)。
(41) 他の2名については、理財科にドロッパーズ、文科にリスカムである。いずれもウィグモアに比べれば年長で、すでに大家であったと伝えられる。1890年1月27日の大学部始業式における三者の演説は、ドロッパーズの日本文明の歴史に言及したそれが同年3月10日付時事新報に、リスカムとウィグモアのそれは、同3月6日付の時事新報に掲載されている。なおウィグモアの演説は、岩谷十郎「ウィグモアの法律学校――明治中期一アメリカ人法律家の試み」法学研究(慶應義塾大学)69巻1号(1996年)186頁以下に全文が再録されている。
(42) これを「式辞」と紹介する論考もあるが、実質は今日にいわゆる「来賓祝辞」とみるべきである。
(43) 時事新報明治18年9月22日掲載、福澤諭吉全集第10巻435頁。
(44) 岩谷・前掲「ウィグモアの法律学校」229頁は、「社会的上昇に燃える法律学校入学者には、ある種ふ抜けた印象を与えたのかもしれない」と書く。
(45) これについては、慶應義塾があえて私学の自由を獲得することの引き換えに指定を求めなかったとの見方もある。岩谷・前掲「ウィグモアの法律学校」222~223頁。
(46) 岩谷・前掲「ウィグモアの法律学校」223頁
(47) 岩谷・前掲「ウィグモアの法律学校」220頁は、ウィグモアの論考に「年間の授業料が三〇円。入学金が三円。これは他の大部分の学校の三倍である」という記述を引いたうえで、1887年当時の明治法律学校の場合は月謝60銭で、これに毎月の校費40銭を足した1円が通常の学生の毎月負担額であり、英吉利法律学校や和仏法律学校も各月謝1円であったなどと詳細に論証している。
(48) 岩谷・前掲「ウィグモアの法律学校」は191頁でウィグモアのカリキュラム原案を掲げ、200頁以下で、初年度と次年度の実際のカリキュラムの詳細な考証を行っている。
(49) 村上一博「福澤諭吉と『近代的代言人』児玉淳一郎」『福澤諭吉の法思想』(慶應義塾出版会、20

02年）163頁。

(50) この経緯の詳細については、岩谷十郎「法科大学院の創始と福澤諭吉」『福澤諭吉年鑑32』（福澤諭吉協会、2005年）85頁以下も参照。

(51) この英吉利法律学校開校記念祝辞には、整理されて時事新報に発表されたものと、口述筆記されたものとが残されているが、後者では彼は、「此法律ハ英吉利ノ法律デアロウガ仏蘭西ノ法律デアロウガ、何方ガ宜シイカ存ジマセン。私ハ法律ハ不案内デアリマシテ、法律専門学者デモナク、仏蘭西ノ法律ヨリ英吉利ノ法律ガ便利カソコハ知リマセンガ、英国ノ法律モ米国ノ法律モ仏国ノ法律モ独逸ノ法津モ詰ル処ハ同ジ様デアルト云ッタラ私ハ英吉利ノ法律ヲ賞ナケレバナリマセン」と述べている（なぜならば日本は英語が使われる国で、使われる外国語と法律が一致するのがよいという理由を挙げている）。明法志林105号（1885年）452頁。なお同祝辞については、松崎欣一『語り手としての福澤諭吉』（慶應義塾大学出版会、2005年）95頁以下に詳細な研究がある。

(52) 岩谷・前掲「ウィグモアの法律学校」183頁注（5）。

(53) 岩谷・前掲「ウィグモアの法律学校」183頁注（5）

(54) 岩谷十郎「福澤諭吉とジョン・ヘンリー・ウィグモア――法律専門教育をめぐる二つのヴィジョン」『福澤諭吉の法思想　視座・実践・影響』（慶應義塾大学出版会、2002年）239頁（以下本書は『法思想』として引用する。

(55) 石河幹明『福澤諭吉伝』第2巻（慶應義塾蔵版、岩波書店、1932年）411頁以下参照。

(56)「人間交際」とは福澤が society に当てた訳語である。たとえば石川一三夫「福澤諭吉の地方自治論」『法思想』126頁注（2）参照。

(57) 岩谷・前掲「福澤諭吉とジョン・ヘンリー・ウィグモア」『法思想』238頁。

(58) 池田真朗「民意と政治と法学教育」世界別冊881号（2016年）154頁参照。なおこの点、前記の岩谷教授は、福澤について、「国家組織的レベルでの立法・制作立案者的センスではなく、むしろ実定化された法システムを運用して市民相互間の利益調整にこらす法解釈者的センスというべきものを問題にしたいのである」とも述べられる（岩谷・前掲「ウィグモアの法律学校」182頁注（1））。慧眼であり共感するところも大きいが、私の場合、ニュアンスとして、福澤自身に法解釈者的センスを求めるよりも、あくまでも市民が法によって意思実現することを応援する啓蒙者的センスを問題にしている（そしてそのことは岩谷教授が本文の後続の引用でまさに指摘しているところでもある）。
(59) 岩谷・前掲「福澤諭吉とジョン・ヘンリー・ウィグモア」『法思想』242頁。
(60) 以下は池田真朗「新世代法学部教育論」世界873号（2015年9月号）262頁以下の記述と一部重複する。なお、末広の法学教育論については、未公刊であろうが、関口達也「末広厳太郎における法学教育論」（慶應義塾大学修士論文）に教示を得た（前掲世界873号265頁に注記）。
(61) 末弘厳太郎「セツルメント」『岩波講座　教育科学』第10冊（1932年）25頁参照。
(62) 石田眞「末弘法学の軌跡と特質」法律時報70巻12号13頁以下参照。
(63) 池田・前掲「新世代法学部教育論」262頁。
(64) 末弘・前掲「セツルメント」25頁。
(65) 池田・前掲「新世代法学部教育論」262頁。
(66) したがって私は、末弘法学を「『市民法学』の範型」（磯村哲「市民法学」同『社会法学の展開と構造』日本評論社、1975年、初出論文は1959～1961年、29頁）とまでは評価しない。
(67) いささか本論を外れるが、ここでの「多数派市民層」論に関連して記述を加えておきたい。末弘の弟子にあたる川島武宜は、1967年出版の『日本人の法意識』の結びの部分では、「要するに、人々は、より強く権利を意識し、これを主張するようになるであろう。そうして、その手段として、より頻繁に、訴訟＝裁判という制度を利用するようになるであろう。人々は、個人と個人との関係のみならず、個人と政府との関係をも、法的な――法という規準にしたがって判断される明確且つ固定的な――関係として意識するようになるであろう」（川島武宜『日本人の法意識』岩波書店、1967年、202〜203頁）と書いている。しかしこれは、2016年の今日、（的外れではなかったものの）必ずしも十分に当たっているとはいえないように思われる。ある程度権利意識に目覚めたはずの現代の日本人は、（訴訟件数は確かに増えてはいようが）川島のいうような、権利主張のために訴訟を頻発させる行動を取っているとまでは言えない（欧米のように訴訟が増加すると見込んで始めた2004年からの司法制度改革がうまくいっていないことも想起していただきたい）。それを、「訴訟嫌いの国民性」でなお説明しようとするのか、それとも、訴訟という形での権利主張以外に社会生活を円滑にする自分たちの自主的な「ルール創り」を現代日本の市民たちは選択しようとしているのか、というあたりは十分な検証が必要になろう（先述の福澤諭吉の発想のほうがこの現代市民社会における自律的な紛争解決に近いのではなかろうか）。このテーマについては、後日別稿で論じたい。

(68) 末弘厳太郎「法学教育改革私案」法律時報4巻2号（1932年）22頁（傍点筆者）。

(69) 松浦馨「学部における法学教育の目的について」判例時報1062号3頁以下・1063号22頁以下（1983年）、同「法学部における授業方法等の改善策」NBL273号6頁以下、274号22頁以下（1983年）、小島武司「法学部教育の役割」ジュリスト984号102頁以下（1991年）、加藤新太郎「法実践と法学部における民事法教育」NBL536号18頁以下、537号19頁以下（1994年）等。

(70) たとえば松浦好治「知の制度の法的政治的意義――十九世紀アメリカ合衆国における法学校を素材に」比較法史学会編『制度知の可能性――比較法史研究④』（1995年）や、「特集・法学教育の国際比較」法律時報67巻2号、3号の諸論考等。

(71) 日本私法学会臨時シンポジウム（法曹養成制度改革と法学教育）の中の野村豊弘「大学における民

法教育のあり方」NBL691号30頁（2000年）等。
(72) 角紀代恵＝新美育文＝鎌田薫＝高窪利一＝鈴木重勝『ロースクールを考える』（成文堂、2002年）所収。鎌田薫「法曹養成と私法教育」は同書四七頁以下、鈴木重勝「法科大学院は必要か——『基本的事項』に対する疑問』は同書131頁以下。
(73) 米倉明「法科大学院雑記帳」戸籍時報連載中（すでに初期のものから、同『法科大学院雑記帳——教壇から見た日本ロースクール』（日本加除出版、2007年）、同『法科大学院雑記帳Ⅱ——教壇から見た日本ロースクール』（日本加除出版、2010年）と単行書として出版されている）。ことに本稿との関係では、同誌721号、723号、さらに736号での「書斎の窓」掲載拙稿の詳細なご紹介には深甚の謝意を表したい。
(74) たとえば滝澤聿代『変動する法社会と法学教育——民法改正・法科大学院』（日本評論社、2013年）所収の論考は、完全に法科大学院論である。
(75) この段階的法学教育論は、私が日本学術会議の法学委員長として取りまとめに関与した報告書「大学教育の分野別質保証のための教育課程編成上の参照基準・法学分野」（2012年）にも反映させ、2015年の1月と3月に行った慶應義塾大学の最終講義では、私なりにその実践を試みている（池田真朗『新世代民法学の構築』慶應義塾大学出版会、参照）。なお池田・前掲「新世代法学部教育論」261頁参照。
(76) 大村・前掲『法典・教育・民法学』124頁。
(77) 池田・前掲「実践」連載第一回「書斎の窓」643号12頁、同第五回647号36頁以下等参照。
(78) リベラル・アーツの定義については、麻田貞雄『リベラル・アーツへの道——アメリカ留学とその後』（晃洋書房、2008年）29頁以下が最も信頼できるように思われる。
(79) 麻田・前掲書30頁が引用する President's Report, 1952-53, cited in Daniel Catlin, Jr. Liberal Education

at Yale: The Yale College Course of Study 1945-1978（Washington, D.C.: University Press of America,1982）, 119. 筆者は未見である。

（80）麻田・前掲書31頁が引用するLewis B Mayhew, The Small Liberal Arts College（Washington, D.C.:The Center for Applied Research in Education, 1962）, 6. これも筆者は未見である。

（81）麻田教授自身、同志社大学法学部での、専門法律科目が中心の中でのリベラル・アーツ教育実践の苦労を書いておられる。麻田・前掲書２２４頁。

（82）池田・前掲「実践」連載第一回「書斎の窓」６４３号12～13頁参照。

（83）ＤＰ、ＣＰ、ＡＰについては、本稿前掲注（28）参照。

（84）池田・前掲「実践」連載第一回「書斎の窓」６４３号14頁、同第五回６４７号40頁以下参照。既存の法律の解釈ばかりを教えるのではなく、法律の学びを通じて、もっと広い意味の「ルール創り」を教え、それぞれが所属する集団の中での最適なルールを創れる能力を身につけさせようとするものである。具体的には、判例がどう、学説がどうという話よりも前に、この条文は何のために、誰の利益を考えて、あるいは誰と誰の利益のバランスを考えて作ってあるのか、とか、この条文はどういう機能を果たしているのか、またこういうルールがなかったら人はどう行動するのか、などから教えていくことになる。

（85）内池慶四郎『出訴期限規則略史――明治時効法の一系譜』（慶應義塾大学法学研究会、１９６８年）3頁。

【追記】本稿初出稿校正段階で、「法の科学」47号（民主主義科学者協会法律部会編、２０１６年）の特集「司法制度改革後の法学教育――その危機と再生」に接した。拙著拙稿を引用してくださっている松本恒雄「法学部における法学教育の意義と課題――日本学術会議の議論を手がかりに」（同号28頁以下）をはじめ、岡田正則「司法制度改革後の法学教育――その危機と再生」（同号8頁以下）、三阪佳弘「日本における「法学部」の歴史的展開」（同号38頁以下）等が本稿の問題意識から参考になる。

おわりに　法学教育イノベーション論
――「オンリーワンでナンバーワン」の「ルール創り教育」へ

イノベーション論から

イノベーションは「創造的破壊」といわれる（清水洋・早稲田大学教授「イノベーションへの課題（下）――官民のコスト負担、再設計を」（２０１９年12月25日日本経済新聞 朝刊 28面経済教室参照）。イノベーションには創造的な側面と破壊的な側面があるというのである。

ただそうだとすると、法学教育とイノベーションは一番結びつかないのではという意見がある。法律学自体が、長年の法文、判例、学説の確固たる積み重ねからなる学問で、一番「破壊」や「飛躍」からは遠い学問だからというのである。

しかしそれは、既存の法学部教育や、既存の解釈学偏重の法律学をアプリオリに前提にしているからそういう見方になるのである。繰り返すが、一方に急速な技術革新があり、他方にいっこうに止まらない地球温暖化（沸騰化）の進行がある。この１００年に一度の急激な変革の時代には、法律は後追いになり、歴史上長く疑問を持ってこられなかった、法律による社会コントロールが利かなくなる時代さえ到来するかもしれない。

つまり、既成概念を前提にして法学教育を語ってはもはやいけない時代が到来していると言うべきなのである。

そう考えてくると、本書で示した、法学部教育のカリキュラムの順番や重点を変えたり、大教室双方向授業を工夫したりということも、実はまだ真の意味の「創造的破壊」を含むイノベーションになりきってはいない。いわば本当のイノベーションはこれからなのである。

ビジネス法務学は法律学を超える

たとえば企業間の契約一つにしても、ビジネスで必要な企業間の力学の問題を法学部法律学科では教えない（実際にはこれが重要なのである。たとえば、債権譲渡の禁止（制限）特約は、実際上、債務者の方が力が強い場合にしか付けられない。つまり、債権譲渡禁止特約の債務者を保護するというのは、実際には多くの場合、力の強い大企業を保護することになるのである）。また産官の連携といっても、国の補助金政策のあり方などを法学部ではほとんど教えない（たとえば新発明の支援といっても、官庁による事前審査・選定型では、中小やスタートアップは支援を受ける機会がない）。さらに現代では、ビジネスで非常に重要な供給網（これは法律学的には国際的・国内的な「契約の連鎖」の問題になるはずである）に関して、国家間の交渉関係とか、経済安保に関する話を教える科目は法学部法律学科にはまずない。さらに、生成ＡＩなどに関しては、国内ルールができないうちに国際ルールがどんどんできてくる可能性があるが、もちろん今の法学部には、既存の知的財産法関係を教える科目しかない。出来ていない法律に関する科目は存在しないのである。しかし、ビジネス法務学では以上のすべてが当然の守備範囲になるはずなのである。

つまり、出来上がっている法律というルールを教えるだけの学部は時代遅れで、これからの課題を検討し、当事者間の契約など、広い意味のルールを作って解決する、そういうことを教える学部が必要になり、それは当然現在の法学部では足りないしできない、ということになるわけである。

「ビジネス法務学部」を創ったら

それゆえ、もし「ビジネス法務学部」を創るとすれば、そこでのカリキュラムは、明らかに現在の法学部のカリキュラムと大きく異なり、それを大きく超えるものになる。民法や会社法などを2年生までに教えたうえで、たとえば企業力学概論では下請法や独占禁止法を教える。供給網論では地政学の話から入ることになる。仮想通貨や生成ＡＩなどを扱う新技術対応論では、国際標準やその取り方（獲得の仕方）などが教えられなければならない。

つまり、必然的にビジネス法務学は法律学の領域を超え、経済学、経営学、地政学、さらには理系の技術論やデータサイエンス論まで扱うことになるのである。

法律が後追いになって、法律による社会コントロールでは足りなくなるというのは、そういう状況なのである。

しかもそれは、未来の話ではない。現代は、一方で急速な技術革新、他方でいっこうに止まらない地球温暖化（グテーレス国連事務総長の言を借りれば地球沸騰化）が進む、100年に一度の変革の時代なのである。新しいハブの役割をする学問としてのビジネス法務学の出番は今、なのである。

法学部から「ビジネス法務学部」へ

もっとも、「ルール創り」に一日の長を持つのは、やはり法学部である。「法学部」をベースにして「ビジネス法務学部」に発展させる、そして、これまた従来の、企業や金融機関の利益を第一の目的とする「ビジネス法務」を超えて、「人間社会の持続可能性」を第一義とする「ビジネス法務学」を確立させるのである。そこには当然、倫理とか規範的判断力の要素などがクローズアップされてくる。CSR、SDGs、ESGなどは必然の考慮要素になってくるのである。

明治の初年から、法曹養成、官僚養成を目的に発展してきた法学教育は、ここで構造的に再構築されることになる。これこそが「創造的破壊」を内容とする真の意味の法学教育イノベーションになるはずなのである。

法学部関係者のやるべきことは多く、時間は足りない。まずは、法学部で教える者、法学部で学ぶ者、法学部を運営する者、それらすべてのステークホルダーの意識改革が求められている。

大学院法学研究科ビジネス法務専攻の役割

以上述べたことは、まず大学院で実践すべきで、その第一歩は、武蔵野大学大学院法学研究科ビジネス法務専攻で実現している。大学院段階ではなかなか受講者数も多くないので、スタッフを増やして科目増設を図るのもそう簡単なことではないが、現状で「起業ビジネス法務総合」「知的財産政策」「ビジネスセキュリティ法」「ビジネス法務専門教育教授法」などのオリジナル科目をすでに開講している武蔵野の大学院法学研究科は、供給網、国際標準、デジタル証明などに関する新規科目を充実させていけば、将来の「ビジネス法務学部」のカリキュラム構築がより見えてくると思われる。

エピローグ――オンリーワンでナンバーワン

「皆さん、やっぱり、オンリーワンでナンバーワンを目指してください」

これが、２０２４年2月3日に江東区有明の武蔵野大学3号館大講義室で行った私の最終講義の結びの言葉である（ただし最終講義というのは、大学に講座を持っている期間を終える講義というだけで、研究教育の営みが終わるわけではない）。

人の真似をしているうちは、真のイノベーションは達成できない。

「二番じゃダメなんですか」と言った政治家がいたが、たとえばスーパーコンピューターの演算速度を競う、つまり既存の同じ技術で一番と二番を競うのであれば（それでも技術的には一番でなければいけない部分もあろうが）順位はそれほど決定的な問題ではないかもしれない。そうではなくて、新しい技術や構想を打ちだすような、オリジナリティのあるオンリーワンであることが必要なのである。したがって、これからの時代は、既存の世界の基準では一番でもダメで、オンリーワンでナンバーワンでなければならない。

このオンリーワンでナンバーワンの要素を、個人も企業も大学も、しっかり探さなければならないのである（大学におけるその探し方を論じたものとして、池田眞朗「大学のビジネス法務学」武蔵野法学21号（2024年9月）がある）。もちろん、オンリーワンでナンバーワンというのは、そうたやすいことではないのだが、たとえば一人の人がある美点を持っているだけでは全くオンリーワンではなくても、同じ人が別の美点をいくつか兼ね備えると、その組み合わせを持ち、活用することでオンリーワンになることもある。私はそれをハイブリッドオンリーワンと呼んでいるのだが、それは企業についても大学についても言えることなのである。

法学教育イノベーションの極意とは

お役所が審議会で識者を集めて意見を聴き、しかし多くの場合は役所の考えた原案通りに法律を作る。また国会議員による議員立法で法律を作る場合もあるが、それも多数政党の都合や思惑の結果なのであって、選択的夫婦別姓の問題のように、民間でこれだけ議論になっていてもいっこうに法案にならないものもある。

変革の時代に、「法律」という概念をもっと広い「ルール」という概念に置き換える必要がある。その「ルール」には、個人と企業、企業と企業、企業と国や地方自治体、さらには国と国、の間での、契約があり業界の取り決め（ソフトロー）があり、（条約などに至らない）合意や覚書レベルのものも含まれる。

さまざまなステークホルダーが、それぞれの創意工夫を契約などのルールでつないで、課題を解決していくべき時代が来ている。

歴史をひもとけば、明治維新以来、この国の法学教育は、もっぱら法曹養成、官僚養成のために行われてきた。しかし法は、国の統治のためにあるのではない。人々の幸福な暮らしのためにあるはずのものである。法律作りが社会変化の後追いになり、法による社会コントロールがいわば機能不全になる危機が感じられるこの状況で、人が最も学びかつ実践すべきは、この人間社会の持続可能性を実現するルールを、より自律的に、多様なかたちで作り上げていくことだろう。

法学教育は、今こそ新しい「ルール創り教育」に変わらなければならない。法学教育イノベーションは、その緒についたばかりである。

付・法学教育イノベーションのための著書・論文一覧

著書・論文一覧は、通常、著作者の出版物を発表年代順に列記するものである。しかしここでは、本書の趣旨に沿った形で、教育関係の著作物に限って、かつカテゴリー別に紹介したい。なお、私は、本書で示した武蔵野大学での法学教育イノベーションの取り組みに至る以前に、前任の慶應義塾大学時代から、自分なりのトータルな、そして段階的な法学教育を構想して、それに則する形で教科書・参考書等を出版し、一部の論考もその趣旨で発表してきた。また、段階的な法学教育については、日本学術会議法学委員長として、学術会議で学士課程教育の参照基準をまとめた報告書の中にも自説を盛り込んでいる。

それらは、慶應義塾大学時代に通信教育部長を務めたことと無縁ではない。学生諸君が一人でどのように学習できるかという課題に対応したテキストを開発しようとしたのである。さらにそれが、法律学がいわゆる解釈学に偏り、ことに学説を詳細に記述する書物が単純に高く評価されるという現実に対する違和感とつながった。資格試験などだけでなく、より学生諸君の現実生活やその後の人生に広く役立つような法学教育をすべきであって、教科書や参考書はそのために書かれるべき、と考えたのである。ちなみに、このような私の意図に早い時期から気付きつつ拙著を読んでくださっていた大学教員の方も（私の指導した研究者の方々以外にも）おられる。お名前は上げないが感謝と敬意を表したい。

以下には、その観点から整理し直した法学教育関係の著書・論文一覧を提示する。

【著書】（教育関係に限定）

① 法学部生・他学部生・専門学校生用の法学入門書
『プレステップ法学』（編著）（弘文堂、２００９年、第5版２０２３年）

② 主として法学部生用の法学入門書
『法の世界へ』（共著）（有斐閣、１９９６年、第9版２０２３年）

③ 社会人・他学部生向けの民法全体の入門書
『民法への招待』（税務経理協会、１９９７年、第6版２０２０年）
※『民法への招待』はこれまで、クメール語と中国語で翻訳出版されている。
『民法はおもしろい』（講談社現代新書、２０１２年）
※『民法はおもしろい』はこれまで、国立・私立の2校の大学の入学試験で現代国語の問題に使用されている。

④ 法学部の専門基本教育用教科書（社会人等の独習対応）
『スタートライン債権法』（日本評論社、１９９５年、第7版２０２０年）

『スタートライン民法総論』（日本評論社、２００６年、第3版２０１８年）
⑤　法学部の専門基本教育用標準教科書
『新標準講義民法債権総論』（慶應義塾大学出版会、２００９年、全訂3版２０１９年）
『新標準講義民法債権各論』（慶應義塾大学出版会、２０１０年、第2版２０１９年）
『民法Ⅲ　債権総論』（共著）（有斐閣、１９９８年、第4版２０１８年）
⑥　法学部（大学院対応）の専門基本教育用参考書＝資料集
『民法 Visual Materials』（編著）（有斐閣、有斐閣、２００８年、第3版２０２１年）
⑦　法学部（大学院対応）の専門基本教育用参考書＝判例解説書と判例学習書
『判例講義民法Ⅱ　債権』（共編著）（初版は悠々社２００５年、勁草書房、新訂第3版２０２３年）
『判例学習のＡ to Ｚ』（共著）（有斐閣、２０１０年、現在絶版）
⑧　論文作成法参考書（法学部・大学院・社会人対応）
『法学系論文の書き方と文献検索引用法』（共著）（税務経理協会、２０２４年）
⑨　法学部教養課程、専門課程、法科大学院、一般、と対象を分けた最終講義集
『新世紀民法学の構築』（慶應義塾大学出版会、２０１５年）

【論文等】（教育関係に限定）（本書収録分については明示して初出一覧に代える）
①　他大学連携・国際連携関係

「早慶合同ゼミナール」法学教室125号（1993年、以下2023年度まで共同執筆で連載）
「INALCO――フランスにおける日本語教育・日本語研究のメッカ」三色旗546号（1993年）
「カンボジアの大学に日本の法律書を――JJLによるクメール語版『民法への招待』贈呈式」三田評論1033号（2001年）
「クメール語最新版『民法への招待』の役割と新しい民法学の提言」武蔵野法学16号（2022年）

② 教育手法関係

「社会科学系の小論文の書き方――法律学を中心に」日本語学34巻13号（2015年）
「新型コロナ禍の中での遠隔大教室双方向授業」書斎の窓672号（2020年）【本書第Ⅱ部第7章に収録】

③ 教材解説関係

「『判例学習のA to Z』解題――21世紀の法律学教育法を探求して」書斎の窓602号（2011年）
「『民法 Visual Materials』第3版の変身――法学教育イノベーションへの一歩」書斎の窓675号（2021年）
「ビジネス法務と実務家教員作成テキストに求められるもの――『カーボンニュートラル法務』

を例に」池田眞朗編『実務家教員の養成――ビジネス法務教育から他分野への展開』（武蔵野大学法学研究所、２０２３年）

④　教育論（法学部・法科大学院関係）

「法科大学院構想シンポジウム『慶應義塾における21世紀の法学教育』（意見&資料・司法制度改革）」ジュリスト１１８５号（２０００年）

「21世紀の法務人材育成のための法学部・法科大学院教育のあり方」金融法務事情１８９５号（２０１０年）

「新世代法学部教育論――「法曹養成」を超えた真の指標を求めて」世界８７３号（２０１５年）

「新世代法学部教育の実践――今、日本の教育に求められているもの①〜⑥」書斎の窓（有斐閣）６４３号〜６４８号（２０１６年1月〜同年11月）【本書第Ⅰ部に収録】

「民意と政治と法学教育――安保関連法成立と民法改正延期を切り口に」世界　別冊８８１号（２０１６年）

⑤　教育論（法学研究科実務家教員養成関係）

「専門職教育と実務家教員の養成」『実務家教員への招待』（社会情報大学院大学出版部、２０２０年）

「大学の教育現場で求められる実務家教員像――大学の学問の変容と実務家教員の新たな役割」池田眞朗編『ビジネス法務教育と実務家教員の養成』（武蔵野大学法学研究所、２０２１年）

「「コロナを超える」新しい法務キャリアの学び方――ビジネスマッチング実践型「武蔵野大学大学院」の法務人材育成と実務家教員の養成」池田眞朗編『ビジネス法務教育と実務家教員の養成』（武蔵野大学法学研究所、２０２１年）

「ビジネス法務教育と実務家教員の養成――本質的法学教育イノベーションとの連結」池田眞朗編『ビジネス法務教育と実務家教員の養成２』（武蔵野大学法学研究所、２０２２年）

「実務家教員養成プロジェクトの実践と展開（総合最終報告）」池田眞朗編『実務家教員の養成――ビジネス法務教育からの展開』（武蔵野大学法学研究所、２０２４年）

「プロジェクトの総括と展望――実務家教員とリカレント・リスキリング教育、さらには教育イノベーション」池田眞朗編『実務家教員の養成――ビジネス法務教育からの展開』（武蔵野大学法学研究所、２０２４年）【本書第Ⅲ部第12章に一部を収録】

⑥　教育論（法学教育史関係）

「日本法学教育史再考――新世代法学部教育の探求のために」武蔵野法学５＝６号（２０１７年２月）【本書第Ⅴ部に収録】

（その他、本書第Ⅳ部には、武蔵野大学公式ＨＰに掲載の「有明日記」（２０１５年～２０２４年）の連載10回のうち7回分を一部省略して収録）

著者紹介

池田　眞朗（いけだ・まさお）

1949年生まれ。慶應義塾大学経済学部卒業。同大学院法学研究科博士課程修了、博士（法学）（慶應義塾大学）。慶應義塾大学法学部教授、大学院法務研究科教授、通信教育部長を歴任して同大学名誉教授。武蔵野大学法学部、同大学院法学研究科（修士課程、博士後期課程）の開設責任者となり、同大学法学部教授、法学部長、大学院法学研究科長、副学長、法学研究所長を歴任して同大学名誉教授、法学研究所顧問。

専門は民法債権法、金融法。フランス国立東洋言語文明研究所（旧パリ大学東洋語学校）招聘教授、司法試験（旧・新）考査委員（新司法試験改革時民事系主査）、国連国際商取引法委員会（UNCITRAL）国際契約実務作業部会日本代表、日本学術会議法学委員長、金融法学会副理事長等を歴任。
現在日仏法学会理事、ABL 協会理事長。
動産債権譲渡特例法、電子記録債権法の立案・立法に関与。主著の『債権譲渡の研究』（弘文度、現在全５巻）で全国銀行学術研究振興財団賞、福澤賞を受賞。2012年民法学研究功績により紫綬褒章。2023年瑞宝中綬章。

法学教育関係出版物は本書巻末に記載。その他の研究書としては、『債権譲渡の研究』（弘文堂、1993年、増補２版2004年）、『債権譲渡法理の展開』（弘文堂、2001年）、『債権譲渡の発展と特例法』（弘文堂、2010年）、『債権譲渡と電子化・国際化』（弘文堂、2010年）、『債権譲渡と民法改正』（弘文堂、2022年）、『解説　電子記録債権法』（共編著、弘文堂、2010年）、『ボワソナードとその民法』（慶應義塾大学出版会、2011年、増補完結版2021年）、『ボワソナード』（山川出版社日本史リブレ、2022年）、『SDGs・ESG とビジネス法務学』〔武蔵野大学法学研究所叢書第１巻〕（編著、武蔵野大学出版会、2023年）『検討！ABL と事業成長担保権』〔同叢書第２巻〕（編著、武蔵野大学出版会、2023年）、『日本はなぜいつまでも女性活躍後進国なのか』〔同叢書第３巻〕（編著、武蔵野大学出版会、2024年）、『ビジネス法務学の誕生』（慶應義塾大学出版会、2024年）等。

〔著者は武蔵野大学赴任後は戸籍名「眞朗」で登録し執筆しているが、それ以前は「真朗」と表記していた。本書ではすべて初出時のままとした。〕

法学教育イノベーション――新世代法学部を創る

2024(令和6)年11月30日　初版1刷発行

著　者　池田　眞朗
発行者　鯉渕　友南
発行所　株式会社　弘文堂　101-0062　東京都千代田区神田駿河台1の7
TEL 03(3294)4801　振替 00120-6-53909
https://www.koubundou.co.jp

装　幀　高嶋良枝
組　版　堀江制作
印　刷　三報社印刷
製　本　井上製本所

ISBN 978-4-335-36029-9